中国式现代化研究丛书
张东刚　刘　伟　总主编

新征程中的能源结构转型
——基于"2035年远景目标"和"双碳战略"

郑新业　相晨曦◎著

中国人民大学出版社
· 北京 ·

以中国式现代化
全面推进中华民族伟大复兴

历史总是在时代浪潮的涌动中不断前行。只有与历史同步伐、与时代共命运的人，敢于承担历史责任、勇于承担历史使命的人，才能赢得光明的未来。习近平总书记在党的二十大报告中庄严宣示："从现在起，中国共产党的中心任务就是团结带领全国各族人民全面建成社会主义现代化强国、实现第二个百年奋斗目标，以中国式现代化全面推进中华民族伟大复兴。"这一重要宣告不仅明确了新时代新征程赋予党和人民的中心任务，而且明确了新时代全面推进中华民族伟大复兴的方向和道路，对于全面建成社会主义现代化强国、实现中华民族伟大复兴具有重要指导意义。

现代化是人类社会发展到一定历史阶段的必然产物，是社会基本矛盾运动的必然结果，是人类文明发展进步的显著标志，也是世界各国人民的共同追求。实现国家现代化是鸦片战争后中国人民孜孜以求的目标，也是中国社会发展的客观要求。从1840年到1921年的80余年间，无数仁人志士曾为此进行过艰苦卓绝的探索，甚至付出了血的代价，但均未成功。直到中国共产党成立后，中国的现代化才有了先进的领导力量，才找到了正确的前进方向。一百多年来，中国共产党团结带领中国人民所进行的一切奋斗都是围绕着实现中华民族伟大复兴这一主题展开的，中国式现代化是党团结带领全国人民实现中华民族伟大复兴的实践形态和基本路径。中国共产党百年奋斗的历史，与中国式现代化开创拓展的历史，以及实现中华民族伟大复兴的奋斗史是内在统一的，内蕴着中国式现代化的历史逻辑、理论逻辑和实践逻辑。

一个时代有一个时代的主题，一代人有一代人的使命。马克思深刻指出："人们自己创造自己的历史，但是他们并不是随心所欲地创造，并不是在他们自己选定的条件下创造，而是在直接碰到的、既定的、从过去承继下来的条件下创造。"中国式现代化是中国共产党团结带领中国人民一代接着一代长期接续奋斗的结果。在新民主主义革命时期，党团结带领全国人民浴血奋战、百折不挠，推翻了三座大山的压迫，建立了人民当家作主的新型制度，实现了民族独立、人民解放，提出了推进中国式现代化的一系列创造性设想，为实现中华民族伟大复兴创造了政治前提、社会基础等重要社会条件。在社会主义革命和建设时期，党团结带领人民自力更生、发愤图强，进行社会主义革命，推进社会主义建设，确立社会主义基本制度，完成了中华民族有史以来最广泛而深刻的社会变革，提出并积极推进"四个现代化"的目标任务，在实现什么样的现代化、怎样实现现代化的重大问题上作了宝贵探索，积累了宝贵经验，为实现中华民族伟大复兴奠定了根本政治前提和制度基础。在改革开放和社会主义现代化新时期，党团结带领人民解放思想、锐意进取，实现了新中国成立以来党的历史上具有深远意义的伟大转折，确立党在社会主义初级阶段的基本路线，坚定不移推进改革开放，开创、坚持、捍卫、发展中国特色社会主义，在深刻总结我国社会主义现代化建设正反两方面经验基础上提出了"中国式的现代化"的命题，提出了"建设富强、民主、文明的社会主义现代化国家"的目标，制定了到 21 世纪中叶分三步走、基本实现社会主义现代化的发展战略，让中国大踏步赶上时代前进步伐，为实现中华民族伟大复兴提供了充满新的活力的体制保证和快速发展的物质条件。进入中国特色社会主义新时代，以习近平同志为核心的党中央团结带领人民自信自强、守正创新，统筹中华民族伟大复兴战略全局和世界百年未有之大变局，统筹推进"五位一体"总体布局、协调推进"四个全面"战略布局，在实现第一个百年奋斗目标基础上，明确了实现第二个百年奋斗目标的战略安排，作出了"新两步走"的战略部署，擘画了实现中国式现代化的宏伟蓝图，吹响了以中国式现代化全面推进中华民族伟大复兴的新时代号角，党和国家事业取得历史性成就、发生历史性变革，大大推进和拓展了中国式现代化，为实现中华民族伟大复兴提供了更为完善的制度保证、更为坚实的物质基础、更为主动的精神力量。

思想是行动的先导，理论是实践的指南。毛泽东同志深刻指出："自从中国人学会了马克思列宁主义以后，中国人在精神上就由被动转入主动。"中国共产党是为中国人民谋幸福、为中华民族谋复兴的人民性和使命型政党，也是由科学社会主义理论武装起来的学习型政党。中国共产党的百年奋斗史，在一定程度上也是马克思主义中国化时代化的历史，"中国共产党为什么能，中国特色社会主义为什么好，归根到底是马克思主义行，是中国化时代化的马克思主义行"。一百多年来党团结带领人民在中国式现代化道路上推进中华民族伟大复兴的历程，始终是在马克思主义现代化思想和中国化时代化的马克思主义现代化理论指导下进行的。中国式现代化是马克思主义理论逻辑和中国社会发展历史逻辑的辩证统一，是根植于中国大地、反映中国人民意愿、适应中国和时代发展进步要求的现代化。中国化时代化的马克思主义是中国共产党团结带领人民在百年奋斗历程中的思想理论结晶，包含了全面实现中国式现代化的指导思想、目标任务、重大原则、领导力量、依靠力量、制度保障、发展道路、发展动力、发展战略、发展步骤、发展方式、发展路径、发展环境、发展机遇以及方法论原则等十分丰富的内容，其中习近平总书记关于中国式现代化的重要论述全面系统地回答了中国式现代化的指导思想、目标任务、基本特征、本质要求、重大原则、发展方向等一系列重大问题，是新时代推进中国现代化的理论指导和行动指南。

大道之行，壮阔无垠。一百多年来，党团结带领人民百折不挠，砥砺前行，以中国式现代化全面推进中华民族伟大复兴，用几十年时间走过了西方发达国家几百年走过的现代化历程，在经济实力、国防实力、综合国力和国际竞争力等方面均取得巨大成就，国内生产总值稳居世界第二，中华民族伟大复兴展现出灿烂的前景。习近平总书记在庆祝中国共产党成立100周年大会上的讲话中指出："我们坚持和发展中国特色社会主义，推动物质文明、政治文明、精神文明、社会文明、生态文明协调发展，创造了中国式现代化新道路，创造了人类文明新形态。"在一定程度上说，党团结带领人民开创和拓展中国式现代化的百年奋斗史，就是全面推进中华民族伟大复兴的历史，也是创造人类文明新形态的历史。伴随着从站起来、富起来到强起来的伟大飞跃，中华民族必然会迎来中华文明的再次伟大复兴，创造人类文明新形态。

从国家蒙辱到国家富强、从人民蒙难到人民安康、从文明蒙尘到文明复兴，体现了在中国共产党领导下中国社会和人类社会、中华文明和人类文明发展的内在关联和实践逻辑，构成了近代以来中华民族发展变迁的一条逻辑线索。中国共产党在不同历史时期推进中国式现代化的实践史，勾勒了中国共产党百年持续塑造人类文明新形态的历史画卷。人类文明新形态是党团结带领人民独立自主地持续探索具有自身特色的革命、建设和改革发展道路的必然结果，是马克思主义现代化思想、世界现代化普遍特征、中华优秀传统文明成果和中国具体实际相结合的产物，是中国共产党百年持续推动现代化建设实践的结晶。人类文明新形态既不同于崇尚资本至上、见物不见人的资本主义文明形态，也不同于苏联东欧传统社会主义的文明模式，是中国共产党对人类文明发展作出的原创性贡献，它把中国特色和世界普遍性特征相统一，既是中华文明的新样态，也是人类文明的新形式，站在了真理和道义的制高点上，回答了"中华文明向何处去、人类文明向何处去"的重大问题，回答了中国之问、世界之问、人民之问、时代之问，是党和人民对世界文明的重大贡献。人类文明新形态必将随着中国式现代化的持续全面推进而不断丰富发展。

胸怀千秋伟业，百年只是序章。习近平总书记强调："一个国家、一个民族要振兴，就必须在历史前进的逻辑中前进、在时代发展的潮流中发展。"道路决定命运，旗帜决定方向。今天，我们比历史上任何时期都更接近、更有信心和能力实现中华民族伟大复兴的目标。然而，我们必须清醒地看到，像中国这样人口规模巨大的国家，实现现代化并非易事，任务之艰巨、困难之多、矛盾之复杂，世所罕见、史所罕见。当前，世界百年未有之大变局和世纪疫情交织叠加，各种安全挑战层出不穷，世界经济复苏步履维艰，全球发展遭遇严重挫折，使推进中国式现代化面临巨大挑战，也迎来巨大机遇。基于此，以中国化时代化的马克思主义为指导，坚持目标导向和问题导向相结合，以"现代化"为关键词，理顺社会主义现代化发展的历史经验、理论逻辑、实践问题、未来方向之间的关系，全方位、多角度解读中国式现代化从哪来、怎么走、何处去的问题，就具有重大而深远的意义。

中国人民大学作为中国共产党亲手创办的第一所新型正规大学，始终与党同呼吸、共命运，服务党和国家重大战略需要和决策是义不容辞的责任与义务。基于在哲学社会科学领域"独树一帜"的学科优势，我们凝聚了一批高水平哲学社会科学研究团队，以习近平新时代中国特色社会主义思想为指导，以中国式现代化的理论与实践为研究对象，组织策划了这套"中国式现代化研究丛书"。"丛书"旨在通过客观深入的解剖，为构建完善中国式现代化体系添砖加瓦，推动更高起点、更高水平、更高层次的改革开放和现代化体系建设，服务于释放更大规模、更加持久、更为广泛的制度红利，激活经济、社会、政治等各个方面良性发展的内生动力，在高质量发展的基础上，全面建成社会主义现代化强国、实现中华民族伟大复兴。"丛书"既从宏观上研究中国式现代化的历史逻辑、理论逻辑和实践逻辑，又从微观上研究中国各个领域的现代化问题；既深入研究关系中国式现代化和民族复兴的重大问题，又积极探索关系人类前途命运的重大问题；既继承弘扬中国改革开放和现代化进程中的基本经验，又准确判断中国式现代化的未来发展趋势；既对具有中国特色的国家治理体系和治理能力现代化进行深入总结，又对中国式现代化的未来方向和实现路径提出可行建议。

展望前路，我们要牢牢把握新时代新征程的使命任务，坚持和加强党的全面领导，坚持中国特色社会主义道路，坚持以人民为中心的发展思想，坚持深化改革开放，坚持发扬斗争精神，自信自强、守正创新、踔厉奋发、勇毅前行，以伟大的历史主动精神为全面建成社会主义现代化强国、实现中华民族伟大复兴作出新的更大贡献！

前　言

　　能源是人类社会赖以生存和发展的重要物质基础，是长期经济增长、人民生活水平提升和社会发展进步的必要支撑。"2035年远景目标"和"2050年远景展望"确定之后，我国未来30年需要保持4%～5%的年均经济增长率。同时，"双碳目标"的提出将应对气候变化摆在国家治理更加突出的位置。新征程在稳定性、安全性、清洁性等多个方面对能源转型提出了新的要求。二十大报告指出，要积极稳妥推进碳达峰碳中和，立足我国能源资源禀赋，坚持先立后破，有计划分步骤实施碳达峰行动，深入推进能源革命，加强煤炭清洁高效利用，加快规划建设新型能源体系，积极参与应对气候变化全球治理。加快规划建设新型能源体系，平衡降碳减污与经济社会发展的关系，成为中国宏观经济中长期发展的重大命题。

　　目前，我国能源发展主要受到两个方面的制约：一方面，虽然中国能源总量比较丰富，但由于人口众多、开发难度大等原因，保供形势并不乐观；另一方面，中国能源生产和消费结构不甚合理，能源市场效率较低，这直接影响到二氧化碳和污染物排放，气候和环境问题日渐突出。在极端天气和自然灾害频发、人民对能源供应的期望提高以及能源系统有效运行难度加大的情况下，能源高质量发展具有十分重要的意义。然而，能源转型是一场"持久战"，保供和低碳双重目标施加了更紧的约束，市场与政府的协调需要持续探索，国内经济增长和国际气候压力的冲突不断出现，我国必须克服自身经济、社会、环境等各方面困难，构建支撑社会主义现代化建设的新型能源体系。

本书在新征程的背景下，结合国家最新的政策要求和进展，从经济高质量发展引出能源高质量发展，探究两者的内在联系；在识别能源与碳排放基本事实的基础上，分析能源转型面临的权衡取舍，在促进"2035年远景目标"和"双碳战略"协同的要求下，提出建设新型能源体系的可行路径。各章具体安排如下：

第一章从经济社会发展全貌切入，介绍了中国发展已取得的伟大成就、新征程和复杂变化的国际形势对经济能源环境提出的新要求，以及解决矛盾和应对变局的总指引。

第二章从经济高质量发展看能源，总结了经济高质量发展的多重维度，并将其对应到能源高质量发展的要求中，提出了能源不可能三角理论，客观描述了新征程背景下能源发展面临的权衡抉择。

第三章从理论视角出发，分析经济发展中的能源转型驱动力，包括微观、宏观和政策三类驱动力，分别涉及能源阶梯、库茨涅茨曲线、"双碳目标"等内容。

第四章识别中国能源和碳经济的特征事实，从能源供给、能源需求、能源价格、能源贸易、能源政策体系五个方面描述中国能源发展的现状，从总量、结构、价格、效率等方面描述中国碳排放和碳减排中的相关事实，最后结合新阶段的发展要求探讨能源高质量发展的必要性。

第五章结合高质量发展目标，分析能源不可能三角中三个维度的优先级，深入剖析能源转型必须面对的权衡取舍，同时提出当前目标组合下可行的解决方案。

第六章基于"2035年远景目标"和"双碳战略"，从市场和政府两方面提出能源领域的改革策略，从国内碳减排和国外碳协同两个视角提出能源转型的可行方案。

本书得到了国家自然科学基金项目（72141308）的支持。在本书写作过程中，郑新业、相晨曦统筹了全书的纲要制定和内容写作，刘阳、王丽媛、姬晨阳、肖寒、宗一博等成员对书稿写作和修改做出了大量贡献，高又壬、宗一博、刁寒钰、孔儒婧、刘德春等同学也提供了高效的助理研究工作，在此一并表示感谢。

由于作者能力有限，本书肯定存在错误或缺陷，诚恳欢迎专家和读者批评指正。

目　录

1 / **第一章**
中国经济社会发展迈进新征程

第一节　经济社会发展迈上新征程 ⋯ 3

第二节　新征程赋予新任务 ⋯ 16

第三节　国际形势发生深刻复杂变化 ⋯ 22

第四节　新发展理念是走好新征程的总指引 ⋯ 37

43 / **第二章**
从经济高质量发展看能源

第一节　社会主义基本经济制度的优势与先进性 ⋯ 45

第二节　经济高质量发展的多重维度 ⋯ 51

第三节　从经济高质量到能源高质量 ⋯ 55

第四节　能源发展面临权衡抉择：能源不可能三角 ⋯ 60

65 / **第三章**
经济发展中的能源转型驱动力

第一节　能源转型的微观驱动力：家庭能源阶梯 ⋯ 68

第二节　能源转型的宏观驱动力：库兹涅茨曲线
与省级能源阶梯 ⋯ 73

第三节　能源转型的政策驱动力："双碳目标" ⋯ 86

93 / **第四章**
中国能源和碳的特征事实

第一节　经济与社会发展中的能源 ⋯ 95

第二节　经济与社会发展中的碳排放 ⋯ 135

第三节　能源高质量发展的必要性 ⋯ 147

155 / **第五章**
高质量发展目标下能源转型的权衡抉择

第一节　保障能源供给是 2035 年经济翻番的重要
支撑 ⋯ 157

第二节　清洁发展是"双碳目标"下的必然要求 ⋯ 163

第三节　价格调整是"保供-低碳"下的可行选择 ⋯ 166

181 / **第六章**
构建支撑社会主义现代化建设的新型能源体系

第一节　远景目标与"双碳战略"协同下能源转型的
基本思路 ⋯ 183

第二节　建立能源领域"市场之制" ⋯ 186

第三节　用好能源领域"政府之手" ⋯ 191

第四节　实现碳减排与能源转型的平稳过渡 ⋯ 195

第五节　全球协同推进碳中和 ⋯ 205

208 / **参考文献**

第一章

中国经济社会发展迈进新征程

　　《中共中央关于制定国民经济和社会发展第十四个五年规划和二〇三五年远景目标的建议》明确指出："'十四五'时期是我国全面建成小康社会、实现第一个百年奋斗目标之后，乘势而上开启全面建设社会主义现代化国家新征程、向第二个百年奋斗目标进军的第一个五年。"这标志着我国经济社会发展迈上了新征程。新征程意味着新目标，也意味着新的矛盾和新的形势。十八大以来，改革开放和社会主义现代化建设取得巨大成就，党的建设新的伟大工程取得显著成效。因此，我们在新征程中依然有必胜的信心。当然，我们也要清醒地认识到新征程中面临的新矛盾和新形势下蕴含的机遇和挑战，坚定不移地贯彻新发展理念，进一步指引中国经济向上向好发展。

｜第一节｜
经济社会发展迈上新征程

一、经济社会发展取得伟大成就

　　改革开放以来中国经济发展取得了长足进步，小康社会全面建成。我们将从经济增长、创新发展、共同富裕、制度安排、对外合作和环境保护等方面对我国的历史发展成就进行总结。

　　中国经济发展指标快速提升。如表 1－1 所示，在经济增长方面，中国

实际 GDP 自 2010 年以来一直稳居世界第二，且与排名第一位的美国的差
距逐渐缩小，实际 GDP 份额不断增加，人均实际 GDP 排名不断提升，成
为名副其实的最大的发展中国家。进出口方面，我国货物与商品进出口总
额自 2010 年来稳居第二，2019 年份额提升至 10.22%。在国内外投资方
面，外商直接投资总额在 2019 年位于全球第二位，占比 8.95%；2019 年
对外直接投资总额排名第三，占比 11.1%。不包括黄金在内的外汇储备从
2010 年起稳居世界第一。

表 1-1 改革开放以来中国经济发展

指标	1978 年	2001 年	2010 年	2013 年	2015 年	2019 年
实际 GDP 世界排名	13	4	2	2	2	2
实际 GDP 份额	1.12%	4.8%	9.2%	10.8%	11.8%	12.66%
人均实际 GDP	124/126	131/196	106/203	97/197	88/190	75/183
货物与商品进出口总额排名	37	9	2	2	2	2
货物与商品进出口份额	0.47%	3.36%	7.99%	9.68%	10.37%	10.22%
外商直接投资总额排名	—	4	2	2	5	2
外商直接投资占比	—	6.1%	8.4%	8.66%	6.67%	8.95%
对外直接投资总额排名	—	19	5	3	4	3
对外直接投资占比		1.01%	5.01%	7.83%	8.66%	11.1%
外汇储备（不包括黄金）排名		2	1	1	1	1

资料来源：世界银行（https://data.worldbank.org/indicator）。

注：2020 年暴发新冠肺炎疫情，各国经济普遍遭受疫情冲击，中国是唯一实现正增长的主要经济
体，导致当年数据不具有代表性，因此，这里把 2019 年作为分析终点。

中国经济稳定性领先世界主要经济体。我国 2000—2019 年的经济增
速远超全球均值 3.8%，达到 9.0%，且方差较小，说明我国在过去 20 年
中经济增长比较稳定。同时，我国过去 20 年通货膨胀和失业率的均值及
方差均远低于全球平均水平，没有出现超级通货膨胀和大规模失业。此

外，我国的债务率仅为 34.2％，亦远低于全球及其他国家均值，说明我国经济发展具备较强的自主性和可持续性（见表 1－2）。

表 1－2　2000—2019 年世界经济发展指标（均值）总览

地区	经济增长率（％）	通货膨胀率（％）	失业率（％）	债务率（％）
全球	3.8 (5.9)	5.1 (6.1)	8.4 (5.1)	53.9 (40.1)
中国	9.0 (2.1)	2.2 (1.8)	4.0 (0.3)	34.2 (9.1)
G20	3.1 (3.4)	4.7 (6.5)	7.9 (5.1)	54.9 (40.1)
美国	2.1 (1.5)	2.2 (1.1)	5.9 (1.8)	85.8 (22)
日本	0.9 (1.9)	0.1 (0.9)	4.1 (0.9)	199.5 (34.5)

资料来源：世界银行（https：//data.worldbank.org/indicator）。

注：表中括号内的数字为相应的方差。2020 年暴发新冠肺炎疫情，各国经济普遍遭受疫情冲击，如美国等经济体通货膨胀率显著提高，导致当年数据不具有代表性，因此，这里把 2019 年作为分析终点。

科技创新和数字经济取得显著成就。根据世界银行数据，我国发明专利数量从 2000 年开始加速提升，2011 年及之后远超美国和欧盟国家（见图 1－1）。同时，截至 2021 年 8 月，我国独角兽企业①数量仅次于美国，有近 160 家企业，占全球独角兽企业总数的近 20％。此外，随着科技和互联网的迅速发展，我国数字经济规模不断扩大，已成为国民经济中最为核心的增长极之一。根据中国信息通信研究院的数据，我国 2020 年数字经济规模已经达 39.2 万亿元，占 GDP 的比重上升至 38.6％。且淘宝数

---

① 投资界术语，一般指成立不超过 10 年，估值超过 10 亿美元（少部分估值超过 100 亿美元）的企业。其不仅是优质和市场潜力无限的绩优股，而且商业模式很难被复制。相关数据来源于 CB Insights。

据显示，2020 年 3—4 月疫情有所好转时，我国数字化发展程度较高的地区商家更活跃，复工复产速度也更快。

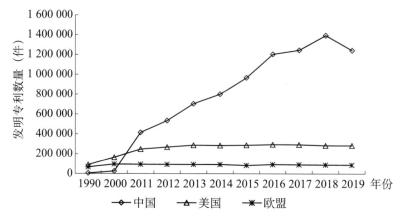

图 1 - 1　中国与欧盟、美国的发明专利数量对比

资料来源：世界银行（https://data.worldbank.org/indicator）。

我国在共同富裕方面迈出了坚实步伐。根据世界银行数据，与世界平均水平对比来看，1978 年我国贫困发生率为 24.1%，与世界平均贫困发生率大致持平，通过经济发展的涓滴效应和区域性减贫，2016 年我国贫困发生率降低至 0.1%。2015 年起，我国实施精准扶贫方略，地方政府根据不同的致贫原因，制定针对性的帮扶政策帮助贫困人口顺利实现脱贫，于 2020 年成功消除绝对贫困。按照 2010 年的贫困人口标准（年人均纯收入 2 300 元，2010 年不变价）来看，我国 1978 年农村贫困人口为 77 039 万人，到 2019 年下降为 551 万人（见图 1 - 2），2020年打赢了脱贫攻坚战，全面建成了小康社会，社会主义优越性得到进一步凸显。

　　财政转移支付促进公共服务均等化。根据国家统计局数据，1994—2019 年，中央财政对地方财政转移支付规模累计 80.03 万亿元，中央财政

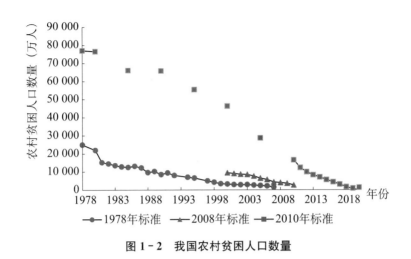

图 1 - 2 我国农村贫困人口数量

资料来源：国家统计局．中国统计年鉴（2020）［M］．北京：中国统计出版社，2021．

对地方财政转移支付规模逐年扩大，由 1994 年的 0.5 万亿元扩大至 2019 年的 7.4 万亿元，复合增速为 11.4%。同时，中央根据各地区经济发展水平进行补助，中央补助占上海市、浙江省、北京市等东部发达地区地方财政一般预算支出的比重较低，而占欠发达的西部地区省份地方财政一般预算支出的比重较高，基本实现中央转移支付与公共服务均等化（见图 1 - 3）。

对外开放取得丰硕成果。在对外合作方面，我国双向推动"请进来"和"走出去"，开放带来了巨大红利。在"请进来"方面，我国在外商投资单位和港澳台商投资单位的就业人数在 2013 年前保持持续增长，2013—2017 年略有下降，2018 年后基本保持稳定（见图 1 - 4）。在"走出去"方面，我国货物与服务出口贸易额、对外投资金额持续上升，并且打造了"一带一路"等对外合作新平台，国际合作、多边合作进一步深化。

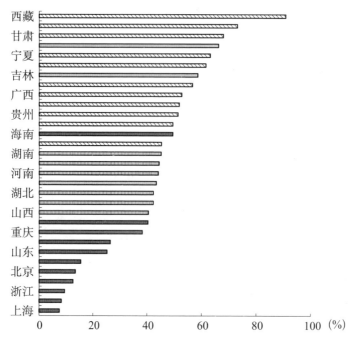

图1-3 2019年中央补助占地方财政一般预算支出的比重

资料来源：国家统计局 . 中国统计年鉴（2019）[M]. 北京：中国统计出版社，2020.

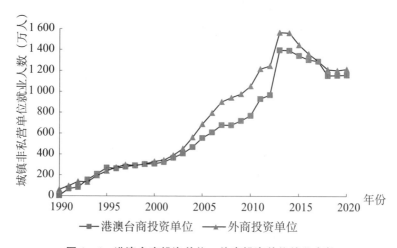

图1-4 港澳台商投资单位、外商投资单位就业人数

资料来源：国家统计局 . 中国统计年鉴（2020）[M]. 北京：中国统计出版社，2021.

控碳减污工作取得明显效果。我国在发展经济的同时始终重视环境的保护，先于全球组织制定相关减排措施。具体来看，我国从"十一五"规划开始制定能耗及主要污染物排放量相关政策，从"十二五"规划开始减少二氧化碳排放量，提高非化石能源占比，与《巴黎协定》的目标不约而同。此外，我国减排工作执行到位，我国二氧化碳排放量经历2000—2012年的高速增长后，在最近几年稳中微增，二氧化碳排放量增速在波动中大幅下降，整体呈现下降趋势（见图1-5）。

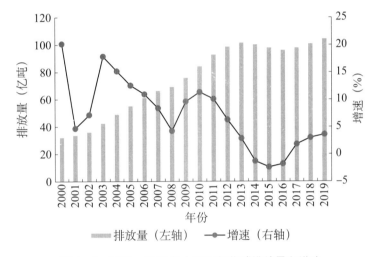

图 1-5 2000—2019 年中国二氧化碳排放量和增速

资料来源：中国碳排放数据库（https://www.ceads.net/data/nation/）。

二、新征程面临新矛盾

（一）创新能力不适应高质量发展的要求

创新是支持高质量发展的第一动力，实现高质量发展目标离不开创新能力的提升。但目前我国创新水平，尤其是在高端制造和科技领域的创新水平距离高质量发展的要求还有明显差距，不足以支撑实现从依靠物质资源消耗的粗放型增长向依靠技术进步和劳动力素质提高的高质量发展转换。图1-6展现的是2019年主要国家（地区）知识产权收入情况。排名第一的欧盟2019年知识产权收入达到1 418亿美元；美国排名第二，为1 174亿美元；在东亚国家中表现最好的是日本，2019年知识产权收入达到471亿美元。再看中国，虽如前文所述，中国的专利数量已经跃居世界第一，且独角兽企业数量排名世界第二，占比近20%，仅次于美国，但2019年知识产权收入仅有66亿美元，相当于美国的5.6%，甚至低于经济体量相对较小的韩国和新加坡。若在此基础上计算知识产权收入占国内生产总值的比重，则中国在世界上的位置会进一步大幅度下滑。这充分说明，我国当前的创新能力还不足以满足高质量发展的要求。

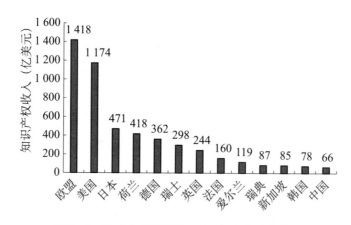

图1-6 2019年主要国家（地区）知识产权收入

资料来源：世界银行（https://data.worldbank.org/indicator）。

（二）城乡区域发展和收入分配差距较大

十九大报告指出，中国特色社会主义进入新时代，我国社会的主要矛盾已经转化为人民日益增长的美好生活需要和不平衡不充分的发展之间的矛盾。不平衡不充分发展的三个突出表现就是城乡差异、区域差异、收入不平等。虽然过去几年我国在经济发展方面取得了骄人的成就，但并不属于高质量的发展。首先，城乡差异较大，具体表现在城乡居民收入差距和公共服务差距两个方面（见表1-3），2019年城镇居民人均可支配收入42 359元，是同期农村居民人均可支配收入的2.6倍左右，城镇人均消费支出约是农村的2.1倍，据此计算的城镇恩格尔系数为0.276，略低于农村的0.300。在公共服务方面，城镇地区55岁及以上专任教师比例为4.8%，略低于农村。而在医疗条件方面，城镇地区每千人医疗机构床位数为8.78张，而农村仅为4.81张，二者存在巨大差距。综上所述，城乡之间两个方面的差异均十分显著。

表1-3　2019年城乡居民收入差距及公共服务差距

地区	人均可支配收入（元）	人均消费支出（元）	食品烟酒支出（元）	恩格尔系数	55岁及以上专任教师比例（%）	每千人医疗机构床位数（张）
城镇	42 359	28 063	7 733	0.276	4.8	8.78
农村	16 021	13 328	3 998	0.300	5.0	4.81

资料来源：国家统计局. 中国统计年鉴（2019）[M]. 北京：中国统计出版社，2020.

其次，城乡差异还明显地与区域差异相互嵌套。表1-4展现的是分地区、分城乡的居民人均可支配收入。2019年东部地区人均可支配收入近4万元，中部地区和东北地区相近，最低的为西部地区，不足2.4万元。分城乡来看，东部地区城乡居民收入比为2.5，相对较低，整体人均可支配收入最低的西部地区城乡差异最大，城镇居民人均可支配收入为农村居民的2.8倍。东北地区整体人均可支配收入虽然显著低于东部地区，但其城乡差异也小于东部地区。由此可见，区域差异和城乡差异互相嵌套，使得我国的不平等问题更加复杂。

表 1-4 2019 年分地区与分城乡的居民人均可支配收入

地区	全部	城镇	农村	城乡收入比
东部地区	39 439	50 145	19 989	2.5
中部地区	26 025	36 608	15 291	2.4
西部地区	23 986	36 041	13 035	2.8
东北地区	27 370	35 130	15 357	2.3

资料来源：国家统计局. 中国统计年鉴（2019）[M]. 北京：中国统计出版社，2020.

（三）生态环保任重道远

虽然我国高度重视环境问题，较早地制定了环境保护政策，但受限于我国"富煤、贫油、少气"的能源禀赋结构，煤炭在我国能源消费中的比重一直居高不下，1978 年煤炭消费占比超过 70%，至 2020 年，在总量为 49.8 亿吨标准煤的能源消费中，煤炭消费共 28.3 亿吨，占比仍然接近 60%（见图 1-7）。以煤炭为主的能源消费结构，导致我国能源消费二氧化碳排放量逐年升高，由 1997 年的 28.8 亿吨一直上升至 2019 年的 97.5 亿吨，增长了约 2.4 倍，虽然占总碳排放量的比重有波动下降的趋

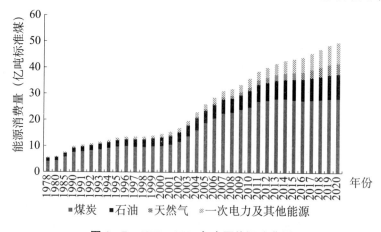

图 1-7 1978—2020 年中国能源消费量

资料来源：国家统计局. 中国统计年鉴（2020）[M]. 北京：中国统计出版社，2021.

势，但仍然稳定在92%以上（见图1-8），这使得我国成为流量视角下名副其实的头号能源消费国和碳排放国。

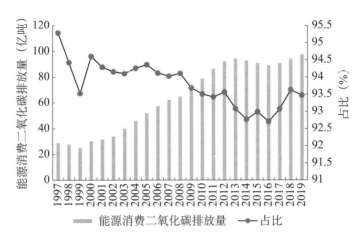

图1-8　我国能源消费二氧化碳排放量及占比

资料来源：中国碳排放数据库（https://www.ceads.net/data/nation/）。

（四）社会治理存在弱项

我国虽然市场经济发展已经取得了一定的成就，但在经济治理能力方面仍存在一定的滞后性。主要在以下方面存在弱项：

第一，市场开放程度低，外资准入壁垒较高。根据 Economists 数据，中国对外资的限制程度仅次于俄罗斯，是 OECD 平均水平的数倍，一定程度上阻碍了外资直接投资产业的发展。

第二，反垄断政策匮乏，公平竞争意识不足。以电力市场为例，在电改9号文放开发电侧市场后，政府对市场的监管没有及时跟上，结果出现了山西省电力行业协会组织发电集团签订行业自律公约涉嫌达成垄断协议的事件。

第三，自然垄断监管工具单一，相关管理能力尚需提升。目前我国对自然垄断行业的收益率管制方法存在 A-J 效应、X 非效率等问题，从而导致难以准确地估计和分摊成本，增大了核定准许成本过程中面临的信息不对称性。

第四，行业工资差异大且难以平均化。根据国家统计局数据，2020 年我国城镇非私营单位年平均工资中，农林牧渔业最低，仅为 4.9 万元，信息传输、软件和信息技术服务业工资最高，为 17.8 万元，是农林牧渔业的 3.6 倍（见图 1-9）。

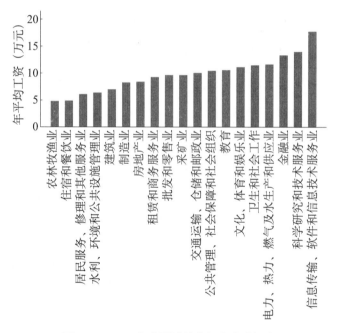

图 1-9 2020 年我国城镇分行业人均工资

资料来源：国家统计局. 中国统计年鉴（2019）[M]. 北京：中国统计出版社，2021.

第五，财政体制安排不利于缓解不平等，对低收入者的支持仍然有待加强。比如，失业保险、城市"低保"等由地方政府负责的安排严重制约了地方政府"限高"和"垫低"的能力。出于对企业和人才流失到邻近地区的担心，地方政府在所得税征收上的努力程度大打折扣，在对高收入者"限高"方面缺乏足够强的动机。在"垫低"方面，由于一个城市内部存在人口流动，因此县级政府不愿意提高本地的福利水准，以避免追求较高的福利标准的人口流入。现行财政体制安排中，社保体系由地方政府负责。这一安排对劳动力市场的有效运转、养老体系的可持续发展，以及地区差距的缩小都产生了严重的负面影响。此外，交叉补贴具有累退性，补贴反而恶化了不平等现象。

第六，户籍制度的存在在一定程度上使得人口无法通过用脚投票的方式选择公共服务，公共服务均等化的目标难以实现。户籍政策等是对要素自由流动的限制，这种限制在一定程度上是对市场的替代。

第七，环境方面中央和地方的分工有待调整。在污染治理职能被赋予地方政府的情形下，由于污染标准和治污力度直接影响企业的产量和利润，进而影响所在地政府分享的税收收入，且企业若利益受损，就会有离开现所在地的动机，因此，各个地方政府有降低污染标准和执法力度、扩大本地企业产量、吸引外地企业进入的动机。此外，在一些上下游地区，治理污染的成本由上游地区承担，好处却由下游地区获得，使得上游地区政府缺少强烈的动机去治理污染。因此，我国目前在环境治理方面面临着环境税占比太低、碳市场发展缓慢、污染治理工具匮乏等问题。

新征程赋予新任务

一、坚持创新驱动发展，建设知识产权强国

2016 年，针对党的十八大提出的创新驱动发展战略，中共中央、国务院印发《国家创新驱动发展战略纲要》，提出了三步走战略目标：

第一步，到 2020 年进入创新型国家行列，基本建成中国特色国家创新体系，有力支撑全面建成小康社会目标的实现。具体目标包括：（1）若干重点产业进入全球价值链中高端，成长起一批具有国际竞争力的创新型企业和产业集群。科技进步贡献率提高到 60% 以上，知识密集型服务业增加值占国内生产总值的 20%。（2）形成面向未来发展、迎接科技革命、促进产业变革的创新布局，突破制约经济社会发展和国家安全的一系列重大瓶颈问题，初步扭转关键核心技术长期受制于人的被动局面，在若干战略必争领域形成独特优势，为国家繁荣发展提供战略储备、拓展战略空间。研究与试验发展（R&D）经费支出占国内生产总值比重达到 2.5%。（3）科技与经济融合更加顺畅，创新主体充满活力，创新链条有机衔接，创新治理更加科学，创新效率大幅提高。（4）激励创新的政策法规更加健全，知识产权保护更加严格，形成崇尚创新创业、勇于创新创业、激励创新创业

的价值导向和文化氛围。

第二步，到2030年跻身创新型国家前列，发展驱动力实现根本转换，经济社会发展水平和国际竞争力大幅提升，为建成经济强国和共同富裕社会奠定坚实基础。具体目标包括：（1）主要产业进入全球价值链中高端。（2）总体上扭转科技创新以跟踪为主的局面。在若干战略领域由并行走向领跑，形成引领全球学术发展的中国学派，产出对世界科技发展和人类文明进步有重要影响的原创成果。攻克制约国防科技的主要瓶颈问题。研究与试验发展（R&D）经费支出占国内生产总值比重达到2.8%。（3）国家创新体系更加完备。实现科技与经济深度融合、相互促进。（4）创新文化氛围浓厚，法治保障有力，全社会形成创新活力竞相迸发、创新源泉不断涌流的生动局面。

第三步，到2050年建成世界科技创新强国，成为世界主要科学中心和创新高地，为我国建成富强民主文明和谐的社会主义现代化国家、实现中华民族伟大复兴的中国梦提供强大支撑。具体目标如下：（1）科技和人才成为国力强盛最重要的战略资源，创新成为政策制定和制度安排的核心因素。（2）劳动生产率、社会生产力提高主要依靠科技进步和全面创新，经济发展质量高、能源资源消耗低、产业核心竞争力强。国防科技达到世界领先水平。（3）拥有一批世界一流的科研机构、研究型大学和创新型企业，涌现出一批重大原创性科学成果和国际顶尖水平的科学大师，成为全球高端人才创新创业的重要聚集地。（4）创新的制度环境、市场环境和文化环境更加优化，尊重知识、崇尚创新、保护产权、包容多元成为全社会的共同理念和价值导向。

进入新发展阶段，推动高质量发展是保持经济持续健康发展的必然要求，创新是引领发展的第一动力，知识产权作为国家发展战略性资源和国际竞争力核心要素的作用更加凸显。《知识产权强国建设纲要（2021—2035 年）》分两个阶段提出了建设知识产权强国的明确目标：到 2025 年，专利密集型产业增加值占 GDP 比重达到 13%，版权产业增加值占 GDP 比重达到 7.5%，知识产权使用费年进出口总额达到 3 500 亿元，每万人口高价值发明专利拥有量达到 12 件（上述指标均为预期性指标）。到 2035 年，我国知识产权综合竞争力跻身世界前列，知识产权制度系统完备，知识产权促进创新创业蓬勃发展，全社会知识产权文化自觉基本形成，全方位、多层次参与知识产权全球治理的国际合作格局基本形成，中国特色、世界水平的知识产权强国基本建成。

二、坚持以发展为第一要务，扎实推进共同富裕

在整体发展目标上，中国共产党提出了"两个一百年"奋斗目标：第一个一百年奋斗目标，是到中国共产党成立 100 年时全面建成小康社会；第二个一百年奋斗目标，是到中华人民共和国成立 100 年时建成富强民主文明和谐美丽的社会主义现代化强国。在"两个一百年"的基础上，十九大又将实现第二个一百年奋斗目标具体划分为两个阶段：第一个阶段，从 2020 年到 2035 年，在全面建成小康社会的基础上，基本实现社会主义现代化；第二个阶段，从 2035 年到本世纪中叶，在基本实现现代化的基础上，把我国建成富强民主文明和谐美丽的社会主义现代化强国。两个阶段的提出使过去延续了 30 年的中长期经济增长目标表述模式发生了变化：一方面，把基本实现现代化的目标时间从 2050 年提前到 2035 年；另一方面，将 2050 年的目标定为建成"社会主义现代化强国"。目标的变化直接

对增长率提出了要求，我们必须以高速率发展经济，才能实现建成社会主义现代化强国的目标。

在区域发展方面，继中部地区崛起战略之后，《中共中央国务院关于新时代推动中部地区高质量发展的意见》进一步提出了中部地区的发展目标。此外，还将黄河流域高质量发展上升到国家战略。这些区域性发展战略为促进区域协调发展指明了方向。

在城乡协调发展方面，《中共中央国务院关于全面推进乡村振兴加快农业农村现代化的意见》对农业农村发展、全民推进乡村振兴做出了总体部署，要求：到 2025 年，农业农村现代化取得重要进展，农业基础设施现代化迈上新台阶，农村生活设施便利化初步实现，城乡基本公共服务均等化水平明显提高。农业基础更加稳固，粮食和重要农产品供应保障更加有力，农业生产结构和区域布局明显优化，农业质量效益和竞争力明显提升，现代乡村产业体系基本形成，有条件的地区率先基本实现农业现代化。脱贫攻坚成果巩固拓展，城乡居民收入差距持续缩小。农村生产生活方式绿色转型取得积极进展，化肥农药使用量持续减少，农村生态环境得到明显改善。乡村建设行动取得明显成效，乡村面貌发生显著变化，乡村发展活力充分激发，乡村文明程度得到新提升，农村发展安全保障更加有力，农民获得感、幸福感、安全感明显提高。

三、坚持推动降碳减污，建设美丽中国

良好的生态环境是增进民生福祉的优先领域，是建设美丽中国的重要基础。为了大力推动降碳减污工作，中共中央、国务院印发《关于深入打

好污染防治攻坚战的意见》，明确提出：到 2025 年，生态环境持续改善，主要污染物排放总量持续下降，单位国内生产总值二氧化碳排放比 2020 年下降 18%，地级及以上城市细颗粒物（PM2.5）浓度下降 10%，空气质量优良天数比率达到 87.5%，地表水 Ⅰ—Ⅲ 类水体比例达到 85%，近岸海域水质优良（一、二类）比例达到 79% 左右，重污染天气、城市黑臭水体基本消除，土壤污染风险得到有效管控，固体废物和新污染物治理能力明显增强，生态系统质量和稳定性持续提升，生态环境治理体系更加完善，生态文明建设实现新进步。到 2035 年，广泛形成绿色生产生活方式，碳排放达峰后稳中有降，生态环境根本好转，美丽中国建设目标基本实现。

中国提出的"双碳战略"目标是指，二氧化碳排放力争于 2030 年前达到峰值，努力争取 2060 年前实现碳中和。碳达峰战略就是在 2030 年前，二氧化碳排放不再增长，达到峰值之后逐渐降低；碳中和战略就是到 2060 年前，针对排放的二氧化碳，要采取节能减排等方式全部抵消，实现产生的二氧化碳和吸收的二氧化碳相等。为了扎实推进实现"双碳战略"目标，国务院印发了《2030 年前碳达峰行动方案》，提出"十四五"期间，产业结构和能源结构调整优化取得明显进展，重点行业能源利用效率大幅提升，煤炭消费增长得到严格控制，新型电力系统加快构建，绿色低碳技术研发和推广应用取得新进展，绿色生产生活方式得到普遍推行，有利于绿色低碳循环发展的政策体系进一步完善。到 2025 年，非化石能源消费比重达到 20% 左右，单位国内生产总值能源消耗比 2020 年下降 13.5%，单位国内生产总值二氧化碳排放比 2020 年下降 18%，为实现碳达峰奠定坚实基础。

"十五五"期间，产业结构调整取得重大进展，清洁低碳安全高效的能源体系初步建立，重点领域低碳发展模式基本形成，重点耗能行业能源利用效率达到国际先进水平，非化石能源消费比重进一步提高，煤炭消费逐步减少，绿色低碳技术取得关键突破，绿色生活方式成为公众自觉选择，绿色低碳循环发展政策体系基本健全。到 2030 年，非化石能源消费比重达到 25％左右，单位国内生产总值二氧化碳排放比 2005 年下降 65％以上，顺利实现 2030 年前碳达峰目标。

四、坚持完善市场经济体制，建设高标准市场体系

当前，我国经济社会发展迈上新征程，对社会主义市场经济体制提出了新的要求，还存在政府和市场的关系没有理顺、要素流动不畅、资源配置效率不高等问题。为了构建更加系统完备、更加成熟定型的高水平社会主义市场经济体制，《中共中央国务院关于新时代加快完善社会主义市场经济体制的意见》要求：坚持社会主义市场经济改革方向，更加尊重市场经济一般规律，最大限度减少政府对市场资源的直接配置和对微观经济活动的直接干预，充分发挥市场在资源配置中的决定性作用，更好发挥政府作用，有效弥补市场失灵。此外，该文件还进一步地对自然垄断行业监管和改革、市场准入和产权制度、要素市场化配置改革、政府宏观经济治理体制等提出了明确的要求。

以上四个方面的要求与任务不是单独存在的，而是相互之间存在紧密联系的有机整体，"双碳战略"目标的实现也必须考虑其他维度的任务。保障能源安全是我国经济社会发展的基础，习近平总书记在山东胜利油田考察时强调"能源的饭碗必须端在自己手里"，他还在中央财经委员会第

九次会议上指出，"要加强风险识别和管控，处理好减污降碳和能源安全、产业链供应链安全、粮食安全、群众正常生活的关系"。因此，实施"双碳战略"不仅要降碳减污，而且要保障能源安全，更要兼顾经济发展和民生保障。基于此，能源结构转型必须综合考量新征程下的多维度任务，坚持系统思维，同时，也要深刻认识到国际形势的复杂变化及其对我国发展的影响。

第三节

国际形势发生深刻复杂变化

当前，我国已成为世界第二大经济体，正逐步走向世界舞台的中央，在全球贸易和产业链中的位置愈加重要，在国际政治和经济问题方面的话语权逐渐增强，在消除贫困和应对气候变化等问题上展现了大国担当。同时，这也意味着，我国的发展进程与世界发展进程联系更加紧密，国内政策变动将对世界产生影响，而我国也无法在国际格局变动中独善其身。当前，我国经济增速持续放缓，出现了看空中国的悲观论调。部分观点认为中国经济近期以来遭遇外需危机，导致短期经济不振；过分夸大贸易战对中国经济的影响，认为其会导致中国经济出现断崖式危机。因此，我们需要更加全面地看待当前的国际经济形势，做出科学客观的判断。

一、和平与发展仍然是时代主题

习近平主席在博鳌亚洲论坛 2018 年年会开幕式上强调，和平与发展仍然是当今时代的主题。从现实情况来看，随着中国经济体量的不断增大，中国在全球贸易和分工中扮演着越来越重要的角色，与世界已经成为一个相互联系、密不可分的整体。对于中国当前及未来外部环境的走势，一个确定性的判断是，短期内，纷繁复杂的外部环境会影响中国进一步的发展，但不能过分夸大，因为这一影响将通过外溢效应进一步传递到全球其他经济体，这意味着各国经济相通则共进，相闭则各退。从这个意义上说，和平与稳定仍然是时代的主旋律，有必要全面理性地看待形势，积极迎接当前外部环境的新变化和新挑战。

二、国际形势变化对中国产生深刻影响

（一）逆全球化趋势与中国角色转变

随着我国经济的不断发展和全球化进程的不断推进，我国所面对的外部环境、与其他国家的关系也在逐渐发生变化。第一，重要物资对外依存度上升。以天然气为例，我国天然气进口量逐年上升，依存度亦由 2006 年的 10％以下上升至 2019 年的近 45％（见图 1-10）。第二，部分环节存在短板，面临国外垄断压力。以集成电路 IC 产品为例，我国市场占比仅 2％，且技术发展不够成熟，时常面临国外"卡脖子"的问题。第三，中国贸易总额占全球的比重迅速上升，已超过美国成为第一大贸易国，与全球各国的联系更为紧密，全球和平稳定发展对中国关系重大。此外，中国经济在全球分工中，已经开始从风险低、收益低的"与发展中国家竞争、

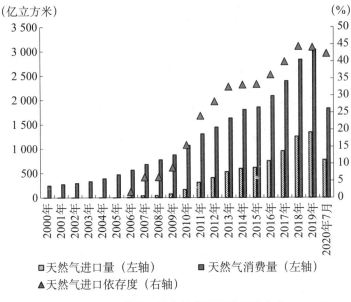

■ 天然气进口量（左轴）　　■ 天然气消费量（左轴）
▲ 天然气进口依存度（右轴）

图 1-10　我国天然气消费量及进口依存度

资料来源：国家统计局（http://www.stats.gov.cn/）。

与发达国家合作"的模式转变为风险高、收益高的"与发达国家竞争"的模式。我国正在向产品和服务的上游迈进，努力参与全球竞争和国际标准的制定，不断提升高技术、高端装备制造、医疗、教育、体育、传媒等领域的国际竞争力。第四，贸易保护主义逐渐抬头。西方国家通过税收竞争等政策实行贸易保护，国际争端加剧（见表 1-5）。

表 1-5　国内外贸易政策及主张

项目	贸易政策及主张
产业政策竞争	农产品补贴、产业补贴与气候变化补贴，国有企业作用
贸易保护主义	● 美国（Trump）：对对美贸易存在巨额顺差的国家征收关税、退出《北美自由贸易协定》、退出《跨太平洋伙伴关系协定》（TPP）、实施"美国优先"的贸易保护主义政策并挑起中美贸易摩擦 ● 欧盟：回避与美国、加拿大、日本等发达国家的贸易谈判，使用贸易保护主义工具（例如使用更严格的贸易程序，征收关税以消除倾销造成的损害）

续表

项目	贸易政策及主张
税收竞争	● 美国（Trump）：减税计划 ● 英国：2022 年 9 月宣布取消将企业所得税税率提高到 25％的计划，并将其维持在当前 19％的水平 ● 阿根廷：将企业所得税税率降至 25％ ● 挪威：将企业所得税税率降至 23％ ● 澳大利亚：宣布准备将企业所得税税率降至 20％

世界正面临经济全球化进程的深刻转变。经济全球化对世界经济发展做出了重要贡献，已成为不可逆转的时代潮流。但是，2008 年国际金融危机爆发后，西方国家出现了明显的逆全球化倾向，特别是近年来，随着民粹主义的泛起，经济逆全球化的发展走向成为国际社会关注的焦点。标志性事件是英国全民公投脱欧、美国实行贸易保护主义政策。而使中国与逆经济全球化现象发生最直接联系和受到深刻影响的事件是美国主动向中国挑起贸易摩擦，向从中国进口的众多商品征收高关税。逆全球化浪潮的兴起，对我国经济社会产生了深远的影响。

（二）世界经济疲态下的中国经济韧性

习近平总书记深刻指出，"我国处于近代以来最好的发展时期，世界处于百年未有之大变局，两者同步交织，相互激荡"。习近平总书记对人类所处时代做出的"百年未有之大变局"的重大判断，揭示出人类今天正在经历的沧海桑田的变化及其对未来发展的影响都要超过前一世纪。

要而言之，全球大变局的主要特征是世界舞台中心的"东升西降"、国际力量对比的"北分南合"以及世界秩序变革的"地覆天翻"。在这一"百年未有之大变局"的冲击下，整个世界进入了转型过渡期，中华民族伟大复兴处于近代以来的最好时期，既面临着难得的发展机遇，又面临着严峻复杂的挑战。

根据世界贸易组织统计数据，由于受金融危机影响，2008 年全球贸易增速由 2007 年的 6.70％下降至 2.92％，而 2009 年全球贸易增速更是出现大幅下滑，低至－10.40％，降幅如此之大，以至被称为"贸易大崩溃"；伴随着世界主要国家联手采取"凯恩斯政策"，2010 年和 2011 年全球贸易出现了暂时复苏，2010 年全球贸易增速高达 12.73％，2011 年为 6.70％。然而看似较高的增长率实则建立在 2009 年"贸易大崩溃"的超低速增长的基础上；2012 年、2013 年、2014 年和 2015 年全球贸易仍是低速增长，增速分别为 2.88％、3.66％、3.30％和 2.70％；伴随着新兴经济体经济增长进一步放缓以及金融市场波动加剧，2016 年全球贸易增速为 1.7％，为 2009 年以来最低水平；而在 2017 年，全球经济明显好转，全球贸易增速达到 4.7％。另据世界贸易组织发布的全球贸易增长报告，危机后的国际贸易增速明显减缓，2008 年至 2017 年 10 年间全球贸易年均增速仅为 3.09％，远远低于危机前 10 年年均 6.7％的增长率。此外，全球贸易增速对世界 GDP 增速的拉动力也在逐渐下滑。世界贸易组织统计资料显示，2009 年和 2016 年甚至出现了全球贸易增速低于全球 GDP 增速的现象，这使得作为 GDP 增速最重要拉动因素的贸易的作用减弱，世界经济恢复难度加大。世界银行统计数据显示，2008 年全球 GDP 增速仅为 1.33％，2009 年更是下降至－2.25％。伴随国际贸易的暂时恢复，2010 年、2011 年全球 GDP 增速实现了一定幅度的提升，分别达到了 4.34％和 2.73％，而 2012 年至 2019 年则一直维持在 3％左右的水平，2020 年由于新冠肺炎疫情的影响再次出现负增长。危机前 10 年（1998—2007 年）全球 GDP 年均增速比危机后 10 年（2008—2017 年）高出近 1 个百分点。

对于中国而言，虽然受到了逆全球化的影响，但整体经济依然呈现出良好的韧性。美国、欧盟、日本和东盟作为我国传统出口市场，在我国总出口中的占比变化不大，一直维持在54%左右。增长速度的差异改变了这四个传统市场在我国出口中的相对地位。近年来，美国在我国出口中的占比逐年下降，而欧盟在我国出口中的占比不断上升，取代美国成为我国最大的出口目的地；东盟作为我国出口目的市场的地位不断提升。在这四个传统出口市场之外，其他市场在我国出口中的占比较为稳定地维持在46%左右，这意味着我国对其他市场的出口保持着较为稳定的增长。但是，在四个传统市场相对地位消长变化的同时，新兴市场对我国出口产品的整体吸纳能力并没有显著提升。需要强调的是，在贸易摩擦导致我国对美出口大幅下降的同时，我国对其他市场特别是欧盟和东盟出口增速的提高极大地缓解了我国整体出口增速下降的趋势。这反映了我国应对中美贸易摩擦的外贸政策的有效性和我国整体出口的韧性。

三、中国对世界发展产生重大影响

（一）在全球经济增长中承担重要角色

1. 中国是世界经济增长的发动机

中国是全球最重要的经济大国之一。根据世界银行数据，以2010年不变价美元计算，中国GDP总规模1978年排在全球第14位，仅相当于世界经济的1.1%和美国经济的4.6%；到1990年，中国GDP在世界经济中的占比提高到2.2%，为美国的9.2%，排在世界第10位；到2000年，中国GDP占世界经济的比重为4.5%，为美国的17.6%，排在世界第5位；2010年，中国成为世界第二大经济体，GDP占世界经济的9.2%，相当于美国的 40.8%；及至 2019 年，中国 GDP 达到 14.5 万亿美元，在世界经济中的占比约 12.7%，相当于美国经济的 66.8%。在新冠肺炎疫情影响下，中国成为全球唯一实现经济正增长的主要经济体，2020 年经济总量达到 14.73 万亿美元，相当于美国的 70.4%。与改革开放初期的 1980 年相比，中国的经济总量占全球的比重提高了近 15 个百分点，中国已成为全球最重要的经济大国之一。作为世界第二大经济体、第一大工业国、第一大货物贸易国以及第一大外汇储备国等，中国义不容辞反映自身及广大发展中国家（特别是新兴经济体）关于国际经贸规则的诉求，承担起自身对世界经济驱动的作用，引领全球化治理方式的转变。数据显示，我国货物和服务进出口总额占世界的比重由 1978 年的 0.47% 上升为 10.22%，贸易量排名从世界第 37 位上升为世界第 2 位；1990—2019 年间，吸引外商直接投资（FDI）占全球的比重由 1.9% 提高至 8.95%，2019 年 FDI 总量位居全球第 2 位，对外直接投资（ODI）年均增长 50%，2019 年 ODI 总量位居世界第 3 位，仅次于美国和日本，ODI 占全球总量的比重从 1990 年的 0.34% 提升到 11.1%。

当前全球经济不景气，进出口贸易持续低迷，贸易保护主义势力抬头，地缘政治风险上升，美、日、欧等发达经济体对世界经济增长的贡献率逐渐下降，印度的贡献率虽大幅度上升，但其经济规模较小，目前还不能成为促进世界经济增长的主力军。随着体量的增大和保持全世界持续时间最长的高速增长，中国经济的重要性不断提高，为世界经济增长做出了巨大的增量贡献。中国在近 30 年间迅猛发展，对世界经济增长的贡献率从 1991 年的 10% 上升到近些年的 30% 左右（2009 年受金融危机影响，情况特殊），成为推动世界经济增长的第一动力。特别是在 2008 年美国次贷危机引发了严重的国际金融危机，美、日、欧等主要发达经济体深陷萎缩泥潭之后，中国经济率先于 2009 年第二季度复苏，并始终保持中高速增长，有效带动了全球经济复苏。统计数据显示，美国经济于 2009 年第四季度才开始复苏，欧盟经济更是到 2010 年才开始复苏。在新冠肺炎疫情肆虐全球的情况下，中国再次成为推动全球经济复苏的重要支撑。据 IMF 统计数据测算，2009 年至 2018 年，中国对全球 GDP 增量的贡献率高达 34％①或 27.7％②，稳居世界第 1 位。中国成为全球经济最重要的发动机。

2. 中国是世界经济增长的稳定器

中国经济增长有利于削弱全球经济的波动。从统计数据看，有或者没有中国经济巨大的年度增量，对世界经济增长的稳定性来说是迥然不同的。包括中国在内的世界 GDP 年增长率方差自 1990 年以来明显小于中国以外其他国家总体增长率方差。过去 40 年来，稳定的社会政治环境和成功的发展战略，促使中国经济保持了持续稳定的高速增长。虽然在此期间世界经济出现过较大的波动，甚至发生过被称为"百年一遇"的金融危机，但中国经济仍然保持在自身的增长轨道上，在一定程度上对抑制全球经济波动、维持全球经济稳定增长起到了"稳定器"作用。而随着中国经济年度增量的绝对规模扩大以及稳定性越来越强，中国经济增长对稳定世界经济增长的作用愈加突出。通过计算全球经济规模最大的 10 个国家 40 年经济增长率的相对变异系数，可以发现中国的经济增长波动最小。另外，金融危机爆发后全球经济复苏过程更是说明了中国对全球经济稳定的重要作用。金融危机之后中国的稳定增长有效拉动了危机主要受损国的经

① 按市场汇率核算。
② 按购买力平价核算。

济复苏，这对削弱金融危机对全球经济影响起着十分重要的作用。

中国经济在控制全球通胀方面也做出了巨大贡献。长期廉价的中国出口有利于稳定全球价格水平。一直以来，低成本优势是中国国际竞争力的重要体现。虽然近些年随着发展水平的提高、劳动力市场一体化程度的上升以及人口年龄结构的变化等，劳动力成本开始较快上涨，但是从国际比较和过去40年整体来看，大量过剩的劳动力资源使得中国的劳动力成本长期维持在较低水平。而且地方政府之间锦标赛式的竞争模式导致各地政府纷纷压低土地、资源价格，忽视了环境成本。数据显示，进入21世纪后很长一段时间中国的出口价格几乎没有太大的变化。虽然近些年出口价格不断上升，但是上升的速度也不是太快，年均仅上涨1.6%。对比发现，全球出口的平均价格涨幅自20世纪80年代后期以来一直明显大于中国，21世纪以来的价格年均涨幅已经超过5%。这说明除中国以外的其他国家出口价格涨幅要远高于中国。随着中国出口占全球比重的不断提高，中国出口价格的较低涨幅对于全球控制通货膨胀起着越来越重要的作用。

3. 中国是全球供给侧的强大支撑

从供给侧看，中国为优化全球生产要素配置、扩张全球生产可能性曲线做出了巨大贡献。经济学理论表明，各国基于自身的独特优势，在全球价值链分工中选择最具比较优势的环节开展合作，是实现全球生产要素配置最优化的基本条件。我国加入WTO以来，主要的比较优势集中于熟练普通劳动力、良好的基础设施以及完善的制造业体系，因此在全球价值链分工中主要承接了最终产品制造等直接面向消费者的环节，在全球生产要素总投入不变的情况下有效推动了生产可能性曲线向外移动，既提升了我国本土生产要素的使用效率，也有效提升了美国、欧盟、日本、韩国乃至广大新兴市场国家生产要素的使用效率。以纺织服装行业为例,我国纺织服装产品出口额的迅速增长,实际上是欧美发达经济体服装设计能力和品牌营造能力、东亚整体化学纤维制造能力和我国服装生产能力的共同体现,有效地带动了各国各个环节产出规模的增长。一旦各国在供给侧的这种密切分工协作关系被打破,全球生产效率就将大幅度下降,各国均将从中受损。2018年高盛集团研究报告显示,假设总体需求和生产规模不变,则至少需要5年时间并且投入300亿美元至350亿美元的资本,才能完全将手机制造业从中国转移到美国,届时手机生产总体成本将增长37%。

中国在迈向经济大国的进程中,展现出了全球制造大国的实力。如今,我国是全世界唯一拥有联合国产业分类中所列全部工业门类的国家。据世界银行统计,1990年中国制造业增加值仅有1 170亿美元,相当于全球制造业的2.6%;2020年中国的制造业增加值达到3.85万亿美元,占全球的比重上升到28.5%。根据世界银行数据,2010年我国制造业增加值超过美国,我国从而成为第一制造业大国。以钢铁为例,1949年我国粗钢产量只有15.8万吨,只占当年世界产钢量的0.1%,到了2020年,我国粗钢产量已经达到10.6亿吨,增长了约6 708倍,长期占据世界钢铁产量的半壁江山。目前,中国有220多种制造产品产量居世界首位,工业制成品出口在全球的地位显著提高。

4. 中国是全球重要的消费市场

从需求侧看,中国为世界各国企业提供了规模巨大且最具潜力的市场。中国经济发展离不开世界。如今的中国,既是"世界工厂",也是"世界市场",拥有14亿多人口的大市场已成为世界经济的活力之源,为世界经济转向高质量发展增强了信心、注入了强劲动力。其中,不断壮大的中上等收入人群正在促使中国成为全球商品和服务越来越重要的消费市场，在拉动全球经济增长方面有着重要作用。随着中国经济的发展，人们的收入水平和生活水平也在不断提高。按照 2010 年不变价，1978 年中国人均 GDP 为 308 美元，属于典型的低收入国家；1993 年达到 1 001 美元，跨入中等偏下收入国家行列；2009 年以 4 142 美元进入中等偏上收入国家行列。按照现价计算，2021 年中国的人均 GDP 超过了 12 000 美元，人均名义国民总收入（GNI）达到了 12 438 美元，接近世界银行划定的高收入国家标准。得益于经济增长和城市发展，中上等收入人群开始不断发展壮大。中上等收入人群的消费能力和消费意愿都较高，逐渐成为消费市场的主力。2020 年国家发展改革委在"中国这十年"系列主题新闻发布会上称，中国居民当前人均可支配收入超过 35 000 元，城乡收入比显著下降至 2.5，中等收入群体的规模超过 4 亿人。从体现社会品质和消费升级的恩格尔系数来看，根据联合国的标准，我国的人民生活已经进入相对殷实富足的阶段。成长如此之快的中上等收入群体将成为全球消费市场的主力。

中国经济的发展、居民生活水平的提高以及生产能力的升级也为世界各国创造了巨大需求。这种需求主要体现在两个层面：一是商品和服务进口额持续扩大。国家统计局数据显示，2010 年至 2020 年，我国货物进口总额增长了 1.47 倍，达到 2.07 万亿美元。需要特别指出的是，我国的服务进口额中旅游服务占了一半以上，而按照统计口径，旅游服务进口中相当一部分是属于中国消费者在境外直接购买各类商品的支出，对旅游目的地经济的拉动作用十分明显。对美国而言，我国不但是大豆、飞机、汽车等主要商品的出口市场，更是其最重要的服务贸易出口市场。2017 年美国对华服务贸易出口顺差 402 亿美元，占其全球服务贸易顺差的 32.5%，其中 56.9% 属于旅游教育服务。二是为跨国公司提供了巨大的市场。2020 年我国规模以上工业企业中，外商及港澳台商投资企业利润总额为 18 234.1 亿元人民币，增长率达 7%。美资企业从我国经济高速发展中获取了大量收益。美国经济分析局（BEA）统计数据显示，截至 2018 年，美国对外直接投资存量为 59 509.9 亿美元，累计投资收益为 5 310 亿美元，投资收益率（投资收益/投资存量，下同）为 8.9%；同期对华直接投资存量为 1 165.2 亿美元，累计投资收益为 130.7 亿美元，投资收益率为 11.2%，较美国对外投资平均收益率高出 2.3 个百分点。

5. 中国为全球投资注入新活力

联合国贸发会议报告显示，2016—2019 年①全球跨国直接投资连续 4 年出现下滑，达到全球金融危机以来的最低水平。在这样的背景下，中国引资规模稳定在 1 400 亿美元，贸易摩擦并未引发中国 FDI 流入的大幅下滑，中国的 FDI 流入量依然占据全球十分之一以上，规模仅次于美国。中国对外投资增长对拉动世界经济增长做出了贡献。截至 2019 年 9 月，中国企业在 46 个国家的境外经贸合作区累计投资 426.9 亿美元，入区企业 5 452 家，上缴东道国税费 40.9 亿美元，为当地创造就业岗位 36.7 万个。2019 年 1—11 月，对外承包工程完成营业额 1 350 亿美元，主要集中在交通运输、一般建筑和电力工程建设行业，改善了东道国的基础设施条件，为当地创造就业岗位 77 万个，改善了东道国的民生。

提升国际化经营能力，扩大出口市场份额，向目标市场延伸产业链，

---

① 2020 年受疫情影响，全球经济下行，跨国投资下降幅度远超往年，数据不具有代表性，因此这里的分析截止到 2019 年。

通过并购投资获取跨国公司的品牌、技术、股权等战略性资产，是驱动中国企业"走出去"投资的主要影响因素。2008 年的国际金融危机和随后的欧债危机对许多欧美国家造成巨大冲击，许多企业陷入困境甚至濒临破产关闭，客观上为具备实力的中国企业提供了重要的投资机遇。这也是近年来在国际跨境投资整体减少的背景下，中国企业对外投资和并购活动实现较快增长的重要原因之一。

（二）为世界环境改善贡献中国力量

我国一直高度重视生态文明建设，自十八大以来，习近平总书记更是提出了"生态兴则文明兴，生态衰则文明衰"、"既要金山银山，也要绿水青山"、"保护生态环境就是保护生产力，改善生态环境就是发展生产力"和"良好生态环境是最公平的公共产品，是最普惠的民生福祉"等关于生态文明建设的理念。我国不仅在生态文明建设理论上实现了重大创新，而且有力地推动生态文明建设取得了历史性的重大成就，为应对全球生态危机、维护全球生态安全做出了重大贡献。

中华人民共和国成立后，我们在生态文明建设方面取得了卓越的成就。一是森林资源持续减少的趋势得到了遏制。自 1998 年以来，我国先后启动实施了天然林资源保护、退耕还林、"三北"防护林、沿海防护林、长江防护林、珠江防护林、太行山绿化和平原绿化等一系列重大生态修复工程，彻底扭转了千百年来森林资源减少的被动局面。1948 年我国森林覆盖率仅为 8.6%，2020 年提升至 23.34%，全国森林面积超过 2 亿公顷。美国国家航空航天局发布的卫星数据显示，2000—2017 年，全球绿化面积增加了 5%，相当于一个亚马孙热带雨林，仅中国的植被增加量就占全球植被总增加量的 25% 以上，位居世界首位。二是土地沙漠化荒漠化长期加剧扩展的态势实现了逆转。我国是世界上荒漠化面积大、分布广、危害最严重的国家之一。通过实施"三北"防护林、京津风沙源治理等重大生态修复工程，我国土地沙漠化持续扩展的趋势得到了有效遏制。"十三五"时期，我国累计完成防沙治沙任务 1 097.8 万公顷，完成石漠化治理面积160 万公顷，建成沙化土地封禁保护区 46 个，新增封禁面积 50 万公顷，建成国家沙漠（石漠）公园 50 个，落实禁牧和草畜平衡面积分别达 0.8亿公顷、1.73 亿公顷，总体上实现了从"沙逼人退"到"人逼沙退"的历史性转变。三是湿地生态保护成效显著。我国已初步建立以国家公园、湿地自然保护区、湿地公园为主体的湿地保护体系，湿地保护率达 52％以上。在《湿地公约》第十三届缔约方大会上公布的全球首批 18 个国际湿地城市里，中国有 6 个城市。

中国作为负责任的大国，始终是绿色生活的积极倡导者和实践者，始终在为建设人类共同的美好家园而辛勤耕耘。随着时间的推移，中国逐渐完成从基础型产业向技术和服务型产业的转变，在节约资源能源、加强生态环保和提高效率效益等方面成效显著，积极做全球人类生态文明建设的重要参与者、贡献者、引领者，为世界环境改善贡献中国力量，推动全球经济社会的高质量共享。中国给全球生态文明建设带来了希望之光。中国秉持"绿水青山就是金山银山"的重要理念，倡导人与自然和谐共生。中国绿色发展的道路吸引着世界的目光，赢得了国际社会越来越多的认可："三北"防护林工程被联合国环境规划署确立为全球沙漠"生态经济示范区"，塞罕坝林场建设者、浙江省"千村示范、万村整治"工程先后荣获联合国"地球卫士奖"。作为全球最大的发展中国家，中国政府历来高度重视大气污染防治工作。IQAir 发布的《2021 年全球空气质量报告》指出，自 2018 年以来，中国城市的 PM2.5 浓度总体下降了 21%，与 2020 年相比，2021 年 66% 的城市 PM2.5 浓度有所下降。中国在应对空气污染方面展现出了无与伦比的领导力。

（三）为世界节能减排做出贡献

气候变化导致地球灾害性气候事件频发、冰川积雪融化加速、海平面上升、水资源分布失衡及生物多样性受到威胁等。人类社会经济活动导致的大气中二氧化碳等温室气体浓度上升是诱发全球变暖的主要因素，工业化以来二氧化碳浓度的升高很大一部分原因在于化石燃料燃烧。中国作为新兴市场国家，在治理全球贫困、保障和改善民生的同时，面临国际碳减排和国内生态环境改善的双重压力。中国一直积极努力参与国际气候治理。作为世界第一能耗大国和二氧化碳排放大国，中国被赋予了更多的减排责任。中国煤炭消费占能源消费总量的比重已由 2005 年的 72.4% 下降至 2020 年的 56.8%，非化石能源消费占能源消费总量的比重达到 15.9%。同时，煤电机组供电煤耗持续保持世界先进水平，截至 2020 年年底，中国节能改造煤电机组规模超过 8 亿千瓦。2011 年至 2020 年，中国能耗强度累计下降了 28.7%。2020 年，中国碳排放强度相比 2015 年下降了 18.8%，超额完成"十三五"期间的约束性目标；相比 2005 年下降了 48.4%，超额完成向国际社会承诺的下降 40%～45% 的目标，为全球应对气候变化贡献了中国力量。与此同时，新能源、节能环保等战略性新兴产业快速壮大，并逐步成为支柱产业。高技术制造业和装备制造业增加值占规模以上工业增加值的比重达 46.9%；新能源产业蓬勃发展，新能源汽车生产和销售规模均居全球第一；风电、光伏发电设备制造形成了全球最完整的产业链。

此外，中国也通过各种方式积极帮助其他国家实现能源转型。能源对经济发展来说是基础性的条件，通过"一带一路"倡议的合作框架，中国帮助诸如巴基斯坦这样的沿线国家发展本国经济的最佳方式就是有效开发能源。当前世界能源主要依赖碳资源，如煤炭和石油。因此，中国在"一带一路"倡议中提倡的更加清洁的能源有利于在发展经济的同时为人类创造更环保的生活环境。这是中国在应对全球气候变化方面做出的一项重要贡献，也是对绿色能源发展做出的突出贡献。

第四节
新发展理念是走好新征程的总指引

改革开放以来，随着经济总量的不断增加，我国在发展中也遇到了一些新情况新问题，经济运行面临增长动力不足、区域发展不平衡、城乡发展不协调、产业结构不合理、环境污染严重、收入分配恶化等困难。为此，要坚持"创新、协调、绿色、开放、共享"五大发展理念，以破解发展短板、转变经济发展方式、培育增长动能、推动经济发展提质增效，从而行稳致远。

一、创新：驱动经济高质量发展

改革开放前 40 年，我国主要与发展中国家竞争、与发达国家合作，从来自发达国家的技术扩散中获得巨大红利。但随着我国经济进一步发展，开放程度逐渐提高，竞争格局发生了变化，在与发达国家的竞争中，无法获得足够的"扩散"，需要"创新"。

面对新一轮科技革命和产业变革，我国只有加大研发投入，推进产学研协同创新，在关键领域取得原创性和基础性的重大突破，才能在全球竞争中占据制高点、掌握主动权。

此外，随着数字经济和科技的蓬勃发展，以及绿色发展需要的日益迫切，加大新型基础设施建设投资已成为促进经济行稳致远的重要抓手。新型基础设施是数字化、信息化、智能化的载体。目前，以大数据、云计算、互联网、物联网、人工智能、5G为代表的数字技术正在加速融合发展，数字资源已经成为重要的生产要素。要在新一轮科技革命和产业变革中占据先机，就要加大新型基础设施建设投资，为国内国际双循环提供持久支撑。

二、协调：提升经济发展整体效能

商品和生产要素自由流动是实现经济循环的必要前提，但目前还存在一些体制机制障碍制约着循环体系的高效率运行，如国际政策、国内政策需实现协同，需要进一步深化改革，破除壁垒。

国际政策方面，要实现全球气候变化政策协同、收入分配机制协调，建立国际税收合作新体系（GTO），倡导国际能源合作等，以此为构建国内国际双循环格局奠定政策基础，保证商品和生产要素在全球市场流动的畅通。

国内政策方面，中央政府应从过去以政策制定为主转型为制定政策与提供公共服务并重。中央政府应在调控经济波动、改善收入分配和治理环境污染等方面承担更多的职能，而地方政府的职能则应相应减少。中央政府的转移支付规模需要缩小，尤其是污染问题需要中央政府统筹协调解决。

三、绿色：应对气候变化与污染

"十三五"期间，绿色发展被首次写入国家的五年规划，污染防治力度加大，资源利用效率显著提升，生态环境明显改善。进入新发展阶段，"十四五"规划纲要再次强调了绿色发展在我国现代化建设全局中的战略地位。

坚持走生态优先、绿色发展之路，是满足人民日益增长的优美生态环境需要的有效途径。要从资源利用效率、利用体系、绿色经济、政策体系四个方面进行绿色转型，制度创新尤为重要。目前，全国统一的碳排放权交易市场已经建立，运用市场机制倒逼企业技术创新、降低碳排放强度，历史性地首次把碳减排的任务压实给企业，通过建立和完善市场机制，有效地解决过去仅仅依靠行政手段难以解决的一些问题。此外，在市场失灵领域，要更好地发挥政府的作用。在环境保护方面，政府提供公共物品时要引入萨缪尔森规则，同时制定环境标准，预防地方"比差竞争"，调整结构与调整政策并举。要进一步优化碳市场建设，同时进行环境税安排、增值税率差异化改革，切实发挥好政府的辅助作用，使绿色发展成为我国经济高质量发展的基础。

四、共享：扎实推进共同富裕

共同富裕具有鲜明的时代特征和中国特色，至少要从以下四个方面进行整体的把握：第一，共同富裕是"全民共富"，不是一部分人和一部分地区的富裕，是全体人民的共同富裕，是全体人民共享发展成果，过上幸福美好的生活。第二，共同富裕是"全面富裕"，既包括物质上的富裕，也包括精神上的富裕；既是生活的富裕富足，也包括精神的自信自强；还包括环境的宜居宜业、社会的和谐和睦、公共服务的普及普惠。总之，它包括人的全面发展和社会的文明进步。第三，共同富裕是"共建共富"。实现共同富裕需要全体人民辛勤劳动和相互帮助，人人参与、人人尽力、人人享有，共建美好家园、共享美好生活。第四，共同富裕是"逐步共富"。实现全体人民共同富裕是一项长期艰巨的任务，是一个逐步推进的过程，既要遵循规律、积极有为，又不能脱离实际，要脚踏实地、久久为功，在实现现代化过程中不断地、逐步地解决这个问题。

在以国内大循环为主体、国内国际双循环相互促进的新发展格局下，消费需求不足是当前亟须解决的重大问题。这一问题影响了经济的可持续发展，而消费需求不足的重要原因是收入分配失衡。因此，为了刺激国内消费需求，要在高质量发展中促进共同富裕，正确处理效率和公平的关系，构建初次分配、再分配、三次分配协调配套的基础性制度安排，加大税收、社保、转移支付等的调节力度并提高精准性，扩大中等收入群体比重。要紧扣发展不平衡不充分这个主要矛盾，以缩小城乡、区域发展差距和收入分配差距为主攻方向，在推动高质量发展中扎实推进共同富裕。也就是说，在"做大蛋糕"的同时要"切好蛋糕"。要自觉主动地解决区域差距、城乡差距、收入差距等问题，坚持在发展中保障和改善民生，统筹做好就业、收入分配、教育、社保、医疗、住房、养老、托幼等各方面的民生福祉工作，更加注重向农村、基层、欠发达地区倾斜，向困难群众倾斜，促进社会公平正义，让发展成果更多更公平地惠及全体人民，使全体人民在共建共享发展中有更多的获得感。此外，还需要进一步改革企业所得税、个人所得税制度，改革低保制度，将失业保险、养老保险、医疗保险、社会救助等支出交由中央政府负责，建立覆盖全国所有人群的保障制度，建立全国统一的劳动力市场（五险一金等），并逐步设立和完善遗产税、赠予税，切实实现全体人民共同富裕，提高内需水平，从而有效实现国内大循环。

五、开放：打造对外开放新格局

改革开放 40 多年来，中国从开放中获得了巨大红利，FDI 带来资本、技术和市场，从而实现了生产要素的有效配置。同时，开放能够促进分工、增进福利，并进一步提升分工效率。如今在以国内大循环为主体、国内国际双循环相互促进的新发展格局下，现有的开放程度还有待提升，尤其体现在资本流动、服务贸易领域和部分商品领域，高水平对外开放是进入新发展阶段的必然要求。深化对外开放是构建以国内大循环为主体、国内国际双循环相互促进的新发展格局的应有之义。

立足新发展阶段，进一步推进高水平对外开放可在以下方面发力。一是营造良好的外部环境。作为世界第二大经济体和第一大对外贸易国，我国主动塑造良好国际环境促进对外经贸合作的能力已远强于改革开放初期。展望未来，我们既要处理好与主要发达国家的关系，深化和发达国家之间的合作，为我国集聚全球高端要素、开展高水平价值链合作创造良好条件，也要处理好与要素互补性较强、市场合作空间较大的新兴市场国家之间的关系，共同合作构建新型生产网络，拓展对外开放发展空间。二是推动制度规则与国际接轨。继续在"一带一路"和自由贸易试验区建设中积累经验、大胆创新，建立与国际高标准贸易投资规则接轨的制度框架。三是对在我国境内注册的各类企业平等对待、一视同仁。按照准入前国民待遇加负面清单管理制度对企业投资活动进行管理，加大知识产权保护力度。四是进一步放宽外资准入的行业领域。按照推动形成全面开放新格局的要求，扩大交通运输、金融、教育、文化、医疗等服务领域的对外开放。五是更加注重开放质量。提高我国在国际分工体系中的地位，增强产业国际竞争力，改善企业经营效益。六是提升开放型经济的平衡性。积极推进中西部地区陆海联运通道建设，完善向西开放通道交通网络布局，形成无缝衔接的国际多式联运体系，有效降低中西部地区开放合作成本。

第二章

从经济高质量发展看能源

社会主义基本经济制度的优势与先进性

全面深化改革是长期有效方略，问题关键在国内，其中市场起决定性作用，在市场侧进行改革，有效弥补市场失灵，与时俱进地提供新时期所需要的公共物品，其重要基础在于社会主义基本经济制度的优越性。党的十九届四中全会将"公有制为主体，多种所有制经济共同发展""按劳分配为主体，多种分配方式并存""社会主义市场经济体制"等上升为社会主义基本经济制度，是我们党的重大理论创新，既体现了社会主义制度的优越性，又同我国社会主义初级阶段社会生产力发展水平相适应，是党和人民的伟大创造。但随着国际形势和国内主要矛盾的变化，中国特色社会主义经济制度也要不断发展和完善，从而实现从制度优势到治理优势的转化。

一、共同富裕的实现路径

共同富裕是人类社会追求的美好梦想，也是千百年来中国人民孜孜以求追寻的目标。消除贫困、改善民生、逐步实现共同富裕，是社会主义的本质要求，是中国共产党人的不懈追求。党的百年历史，就是推翻私有制、建立社会主义制度、消除贫困、走向共同富裕的历史。在经济的高质量发展中促进实现共同富裕，不仅要持续做大"蛋糕"，而且做优"蛋糕"。高质量发展，就是能够满足人民日益增长的美好生活需要的发展，是符合创新、协调、绿色、开放、共享的新发展理念的发展。实现全体人民共同富裕的宏伟目标，最终靠的是发展。高质量经济发展是基础，唯有发展才能满足人民对美好生活的热切向往。国家统计局数据显示，1978年中国农村贫困人口有77 039万人，贫困发生率高达97.5%（按2010年标准），在实现共同富裕的进程中，通过中国共产党和中国政府艰苦卓绝的努力，2020年已实现贫困人口全部脱贫，为全球减贫事业做出了巨大贡献。农村居民人均可支配收入从1978年的133.6元，增加到2013年的9 430元，并快速增长到2020年的17 131元（见图2-1），实现了快速增长[①]。

图2-1 农村居民人均可支配收入

资料来源：国家统计局（https://data.stats.gov.cn/）。

---

① 王中华，丘希明．收入增长、收入差距与农村减贫［J］．中国工业经济，2021（9）：25-42．

基尼系数是用来衡量居民内部收入分配差异的一个重要指标。图 2 - 2 显示，我国基尼系数 2008 年以来大幅下降，虽然从 2015 年到 2018 年有较小幅度提升，但整体而言，有一定程度的改善。Piketty 等研究表明，中国收入差距扩大源于城乡特别是农村内部收入差距扩大①。在实现共同富裕、缩小收入差距的过程中，需要高质量的经济发展；没有发展，没有扎扎实实的发展成果，共同富裕就无从谈起。要坚持社会公平正义、城乡统筹发展，形成城乡居民收入增长与经济增长的联动，努力让劳动者实现体面劳动、全面发展，逐步实现共同富裕。

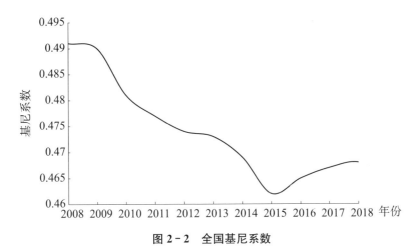

图 2 - 2　全国基尼系数

资料来源：CEIC 经济数据库（https：//www.ceicdata.com/zh-hans）。

二、均衡与协调发展

"中等收入陷阱"产生的一个重要原因是缺少中央政府的统一协调。在党的领导下，我国政府在处理部门利益、行业利益和地区利益时，能够

---

①　Piketty T，Yang L，Zucman G. Capital accumulation，private property，and rising inequality in China，1978—2015 [J]. American Economic Review，2019，109（7）：2469 - 2496.

正确处理效率和公平的关系。我国不同行业不同地区生产率存在显著差异。郭春娜和陈春春的研究结果表明：行业层面，黑色金属冶炼业和化学纤维制造业等先进制造业的生产率较高，而传统制造业的生产率较低；地区层面，中西部地区的生产规模小，但生产率呈现逐年提高的趋势，东部地区的生产规模大，但生产率缓慢下降[①]。总体而言，在党的领导下，我国劳动生产率持续稳定提高，2012 年到 2019 年的增速在 6.2% 和 7.3% 之间波动，2019 年已经增长到 115 009 元/人（如图 2-3 所示）。随着劳动生产率和全要素生产率不断提高，我国协调城乡居民收入增长与经济增长的关系，更好地满足人民群众品质化多样化的生活需求的能力不断增强。政府应充分发挥市场在资源配置中的决定性作用，协调部门利益、行业利益和地区利益，体现效率、促进公平，坚决防止两极分化，在发展中补齐短板，让发展成果更多更公平地惠及人民群众。

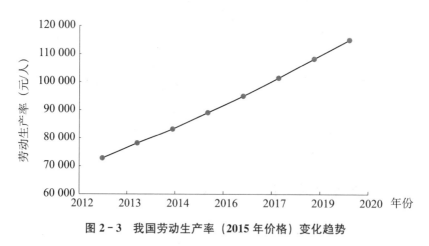

图 2-3 我国劳动生产率（2015 年价格）变化趋势

资料来源：CEIC 经济数据库（https：//www.ceicdata.com/zh-hans）。

---

① 郭春娜，陈春春. 制造业全要素生产率的差异性研究：基于制造业规模分布及其变化 [J]. 价格理论与实践，2018（12）：143-146.

三、国有企业的战略定位

我国的经济改革从农村实行家庭联产承包责任制、城市发展个体私营经济开始，到引进外资、国有经济有进有退的战略性调整，直至明确混合所有制是基本经济制度的实现形式，形成了公有制为主体、多种所有制经济共同发展的所有制结构。实践证明，包括公有制和非公有制在内的多种所有制经济共同发展的所有制结构在发展社会生产力方面有显著的制度优势，其中国有企业是重要的战略工具。图 2－4 显示，2019 年我国国有企业占整个经济中企业数量的 1%，并呈现下降趋势，但国有企业承担了大多数的社会责任，为消除贫困、乡村振兴、环境治理等做出了重要的贡献。国有企业在竞争中改革自身的体制，通过提升自身效率、并购重组、资产整合等，普遍亏损的现象得到了有效缓解，使公有制经济的创新能力、控制管理和抵抗风险的能力大大增强。国有企业还在能源领域发挥独特的制度优势，有力地保障了能源供应，熨平了价格波动，保证了民生持续改善，促进了经济平稳快速发展。

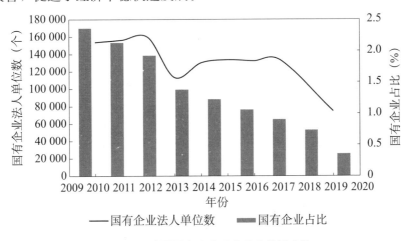

图 2－4　我国国有企业法人单位数及占比

资料来源：国家统计局（https：//data. stats. gov. cn/）。

四、多重目标兼顾国内外的宏观调控

新产业、新业态、新模式蕴藏着增长非常快的市场，要落实好"巩固、增强、提升、畅通"这八字方针，深入推进供给侧结构性改革，不断提供更多高品质高质量的产品，不断提供高品质高质量的服务，促进经济平稳、高质量、可持续发展。在稳增长、调结构、促改革和防风险等多重目标和兼顾国内外的发展阶段中，国家发展改革委是协调机构。在国家发展改革委的职能中，投资管理、规划和产业政策管理的权重很大。需坚持开放发展的理念，坚持对外开放基本国策，坚持发展更高层次的开放型经济。在经济高质量发展中，深化投融资体制改革，基于经济高质量发展推进改革。

五、土地红线、生态红线是大国治理中的重要工具

土地红线、生态红线等总量工具是大国治理中的重要工具。土地是社会经济活动的基础资源与载体。优化土地资源空间配置，提升土地资源配置效率和产出效率，可以有效促进我国城镇化质量提升与区域协调发展，为经济高质量增长提供新的动力。在我国土地资源稀缺、高速城镇化的背景下，在土地红线的约束下，城市间的土地配置需要政府宏观层面的调控，打破制度的区域障碍，减少要素在城市之间与内部的错配，更有效地使用各类生产要素，是我国治理中的重要工具。此外，实施生态红线、环境质量底线、资源利用上线是新时代贯彻落实习近平生态文明思想、提升生态环境治理体系和治理能力现代化水平的重要举措，要深入贯彻党中央国务院决策部署，以环境高水平治理保护推动经济高质量发展。

当今世界正处于百年未有之大变局，国际力量对比深刻调整，大国博弈加剧，经济全球化退潮，全球产业链调整，西方大国单边主义、保护主义、霸权主义抬头，新冠肺炎疫情全球大流行，新一轮科技革命和产业变革深入发展，各国的经济发展、产业结构、国际分工正在发生深刻变革。在这样的背景下，我们应该坚定地坚持社会主义基本经济制度，坚定地推进全面深化改革，不断解放和发展社会生产力。

｜ 第二节 ｜

经济高质量发展的多重维度

随着中国特色社会主义进入新时代，我国社会的主要矛盾已经转变为人民日益增长的美好生活需要和不平衡不充分的发展之间的矛盾，经济发展也进入了新阶段。这就要求，我们不仅要实现增长，还要实现高质量增长。因此，我们要落实新发展理念，既要增长，也要预防和治理失业、通货膨胀，防治污染和实现"双碳目标"，还要兼顾地区差异，实现共同富裕。我们面临的任务难度变得更大、更复杂了。

2020年10月26日至29日，中国共产党第十九届中央委员会第五次全体会议提出了到2035年基本实现社会主义现代化的远景目标，主要包括：我国经济实力、科技实力、综合国力将大幅跃升，经济总量和城乡居民人均收入将再迈上新的大台阶，关键核心技术实现重大突破，进入创新型国家前列；基本实现新型工业化、信息化、城镇化、农业现代化，建成现代化经济体系；基本实现国家治理体系和治理能力现代化，人民平等参与、平等发展权利得到充分保障，基本建成法治国家、法治政府、法治社会；建成文化强国、教育强国、人才强国、体育强国、健康中国，国民素质和社会文明程度达到新高度，国家文化软实力显著增强；广泛形成绿色生产生活方式，碳排放达峰后稳中有降，生态环境根本好转，美丽中国建设目标基本实现；形成对外开放新格局，参与国际经济合作和竞争新优势明显增强；人均国内生产总值达到中等发达国家水平，中等收入群体显著扩大，基本公共服务实现均等化，城乡区域发展差距和居民生活水平差距显著缩小；平安中国建设达到更高水平，基本实现国防和军队现代化；人民生活更加美好，人的全面发展、全体人民共同富裕取得更为明显的实质性进展。

经济高质量发展分为四个维度：经济增长、经济波动、污染与气候变化治理以及收入分配（共同富裕）（见表2-1）。在经济增长方面，作为世界上最大的发展中国家，我国仍处于社会主义初级阶段，发展仍然是我们党执政兴国的第一要务。"十四五"规划文件起草组经过认真研究和测算，认为从经济发展能力和条件看，我国到2035年实现经济总量或人均收入翻一番是有可能的。这一目标要求未来15年内的年均经济增长率保持在4.78%左右。在实现这一目标的过程中，党中央坚持让市场起决定性作用，进行资本、技术和劳动等生产要素的合理布局，政府则负责制定和完善相关制度，提供相关公共物品，从而对市场失灵进行有效弥补。但也应该注意到，经济增长目标与经济波动、污染与气候变化治理、收入分配等目标存在一定的冲突。

表 2 - 1　经济高质量发展的四个维度

维度	市场	政府	外部环境	目标冲突
经济增长	资本、劳动与技术	弥补市场失灵与提供公共物品	外商直接投资（FDI）产生了巨大的资本、劳动、技术与政策外溢	波动幅度控制、污染治理以及收入分配的完善都有可能限制增长速度
经济波动（大规模失业和超级通货膨胀）	通过微观价格和数量调控稳定市场	通过货币、财政和汇率政策预防大规模失业和超级通货膨胀	大国货币、财政和汇率政策协调联动助力跨周期调控（G20）	大规模失业和超级通货膨胀带来的不稳定因素不利于下一轮增长、污染治理调控以及收入分配改善
污染与气候变化治理	供给侧	环境税、碳市场	《巴黎协定》、WTO相关制度与政策、世界劳工标准	对环境的治理意味着要牺牲部分增长，且容易对穷人造成更大冲击
收入分配（共同富裕）	行业开放、就业开放	利用个人所得税、遗产税与赠予税、低保与脱贫攻坚、五险一金等保障低收入人群正常生活	全球税收协调与竞争、世界劳工标准	对低收入人群的保障与高速增长间存在权衡取舍

在经济波动方面，要避免物价剧烈变化和发生超级通货膨胀。在实现这一目标的过程中，市场仍需与政府相配合。一方面，市场在微观价格和数量层面进行制度支持；另一方面，政府在努力构建人类命运共同体的世界大背景下，通过货币、财政与汇率政策进行协调。近年来我国产生通货膨胀的深层次原因主要还是在于经济结构方面。我国加快推进经济结构的战略性转型，在产业优化升级、资源要素价格形成体制、技术进步和劳动素质提高、统筹区域经济和城乡经济协调发展方面进行布局，

与我国的货币、财政和汇率政策协调，从而实现了物价水平的相对稳定。

在污染与气候变化治理方面，绿色发展的重要性凸显。2020 年，习近平总书记多次在联合国大会等重大国际场合强调，中国将采取更加有力的政策和措施，努力争取在 2030 年前实现碳达峰，2060 年前实现碳中和。"双碳目标"已被列为 2021 年八项重点任务之一。为实现这一目标，我国需要在《巴黎协定》、世界劳工标准、WTO 相关制度与政策的基础上，结合我国实际情况，进行环境税、碳市场等方面的政策与制度建设，合理解决环境治理与增长、收入分配之间的冲突。

在收入分配（共同富裕）方面，理论基础由边沁主义转向罗尔斯主义。在改革开放初期，为了提升整体的经济水平，我们倡导"先富带动后富"，当时社会整体的效用是由所有个体的效用加起来决定的；随着社会发展阶段的转换，我们更加关注穷人的福利，脱贫攻坚成为当前时期的重点内容，此时社会整体的效用由效用最低者决定。目前，我国已全面打赢脱贫攻坚战，并陆续建立共同富裕试验区，通过市场开放就业，制定个人所得税、遗产税与赠予税等方面的政策，构建初次分配、再分配、三次分配协调配套的基础性制度安排，正确处理效率和公平的关系，努力在高质量发展中实现共同富裕。

当发展目标从单一转变为多维时，各目标间的冲突难以避免，高质量发展对市场、政府和全球化都提出了更高的要求。新发展格局通过畅通国民经济循环为高质量发展建立了强大的内需体系，同时通过参与国际大循环为高质量发展提供了高水平开放的机会。全面推进经济建设、政治建设、文化建设、社会建设和生态文明建设五位一体，是高质量发展的内在要求与重要条件。

第三节

从经济高质量到能源高质量

　　"两个一百年"奋斗目标要求到中国共产党成立 100 年时全面建成小康社会，到中华人民共和国成立 100 年时建成富强民主文明和谐美丽的社会主义现代化强国。在"两个一百年"的基础上，十九大又将实现第二个一百年奋斗目标具体划分为两个阶段：第一个阶段，从 2020 年到 2035 年，在全面建成小康社会的基础上，基本实现社会主义现代化；第二个阶段，从 2035 年到本世纪中叶，在基本实现现代化的基础上，把我国建成富强民主文明和谐美丽的社会主义现代化强国。两个阶段的提出使过去延续了 30 年的中长期经济增长目标表述模式发生了变化：一方面，把基本实现现代化的目标时间从 2050 年提前到 2035 年；另一方面，将 2050 年的目标定为建成"社会主义现代化强国"。目标的变化直接对增长率提出了要求，我们必须以高速率发展经济，才能实现建成社会主义现代化强国的目标。

　　近年来我国能源消费量持续增长，而能源生产却逐步放缓，能源的生产-消费缺口不断扩大，同时我国能源对外依存度还将上升，能源供给压力将成为制约我国经济稳定发展的重要因素。缓解能源供给压力的一项关键政策，就是加快推进我国能源需求达峰的进程。根据能源库兹涅茨曲线理论，能源需求会随人均 GDP 的增加而增加，并在到达顶峰后开始减少，呈现出"先上升，后下降"的倒 U 形发展趋势。根据配第-克拉克定理和国外发展经验可知，产业结构的优化是加速能源需求早日达峰的重要手段。但我国目前的经济增长方式以出口导向型和高投资高污染的资源密集型为主，产业结构呈现极度重工化的特征，产业结构自然演进规律对我国能源需求的调节作用并不强。若要真正让产业结构优化在降低能源需求过程中发挥更大的作用，则应该增强政府在产业结构调整中的作用，采取更加强有力的手段推进结构性改革。具体而言，我国需要不断降低制造业中高耗能产业的比重，推动经济结构向绿色环保转型。

《中华人民共和国国民经济和社会发展第十四个五年规划和 2035 年远景目标纲要》是指引我国国民经济和社会发展的纲领性文件，是全面建设社会主义现代化国家的战略安排。远景目标下，经济高质量发展从多个维度对能源高质量发展提出了新要求（见图 2-5）。

经济社会高质量发展		能源高质量发展
经济增长：发展小康社会	⟹	保障能源供给
经济波动：稳定价格	⟹	减少能源价格波动
污染与气候变化治理：建设美丽中国，实现碳中和	⟹	碳中和与碳污染协同共治
收入分配（共同富裕）：消除贫困与缩小地区差距	⟹	促进能源公平
新型开放：增强在国际市场上的影响力	⟹	加强国家间能源合作

图 2-5 从经济高质量发展看能源高质量发展

经济增长维度。经济增长是 2035 年基本实现社会主义现代化和

2050 年建成社会主义现代化强国的必要条件。为基本实现社会主义现代化,使人均 GDP 达到中等发达国家水平,以人均 GDP 达到 2 万美元为标准,GDP 年均增速需要达到 4.7%～5.3%。对于能源来讲,要实现能源的高质量增长,首先要保障能源供给,这是保证经济增长的基础,因为能源安全事关发展安全、国家安全,任何生产生活活动都离不开能源。2021 年 10 月 9 日,中共中央政治局常委、国务院总理、国家能源委员会主任李克强主持召开国家能源委员会会议,提出要保障能源稳定供应和安全,增强绿色发展支撑能力。2021 年 5 月以来,广东、云南、浙江、湖南等地面临用电紧张、拉闸限电的问题,影响了企业的正常运转和居民的日常生活。随着国际能源大宗商品价格上涨,环保要求逐步提高,能源供需偏紧,需贯彻落实能源保供,深化供给侧结构性改革,全力确保电网安全稳定运行,优化多元清洁的能源供应结构,坚持创新驱动导向,深化能源高质量发展改革,保证群众生产生活稳定和经济高质量增长。

经济波动维度。为了防止大规模失业与超级通货膨胀,管理经济波动是经济高质量发展的要求。能源价格的大幅波动不利于宏观经济的稳定和能源及其关联企业的良性循环。在我国现行能源价格管制制度下,能源价格保持在一个相对稳定的较低水平,导致能源供应紧张。行政干预短期内能维持价格稳定,但也会付出巨大的代价,会一定程度上造成价格的扭曲。国内和国际能源价格水平存在较大差异、逐步推进能源市场化支持经济高质量发展是未来能源价格不稳定因素的来源。在能源市场化定价的进程中,需确保能源价格不过快上涨,平滑能源价格的短期波动,推动形成准确的市场信号和灵活的应对机制,增强能源体系活力,促进经济平稳增长。

污染与气候变化治理维度。作为发展中国家，中国的二氧化碳排放量在未来一定时间内不可避免地会继续增加，但我国早已认识到保护环境、降低碳排放的重要性，近10年来一直在推动实施节能减排政策。节能减排政策最早出自"十一五"规划，2012年十八大报告提出要大力推进生态文明建设，2016年"十三五"规划提出必须坚持节约资源和保护环境的基本国策，在2020年气候雄心峰会及2020年中央经济工作会议上，习近平总书记多次提出，中国二氧化碳排放力争于2030年前达到峰值，努力争取2060年前实现碳中和。碳达峰是指我国承诺2030年前，二氧化碳的排放不再增长，达到峰值之后逐步降低；碳中和是指企业、团体或个人测算在一定时间内直接或间接产生的温室气体排放总量，然后通过植树造林、节能减排等形式，抵消自身产生的二氧化碳排放量，实现二氧化碳零排放。传统能源面临供应短缺和较大的环境外部成本问题，电力方面要促进电源清洁化，增加可再生能源发电及用电占比，同时提高火电机组发电效率，增加大容量、低煤耗机组的利用小时数，从源头上降低碳排放；未来国家间能源合作将不断加强，可再生能源发电占比将逐渐提高，电力供应模式将更加灵活，对输配电网等设施的要求也将更高，要求其能支撑新的电力供应模式。

收入分配（共同富裕）维度。共同富裕是中国特色社会主义现代化建设的根本奋斗目标。碳排放与减排在不同区域之间、城乡之间和不同收入人群之间同样存在不平衡不充分问题。因此，能源体系中的公平问题同样重要，要着重注意能源和碳排放的公平性，助力缓解而不是加剧不平衡不充分问题。促进能源公平，重视贫困落后地区的能源提供，缩小地区间差异，是现代化强国建设应有之义。增加低收入人群的能源消费也能加快实现需求达峰。能源需求达峰将促进电力消费结构调整，使其向低碳环保型转变。在经济进一步增长和能源需求增加的情况下，不同类型电力间竞争肯定是越来越激烈；只有符合社会发展需求即清洁高效的电力，才能在市场上长久存在。促进区域电力市场协调发展，保证偏远地区的电力供应，对于促进能源公平、缩小地区差异有着重要意义。

除以上四个维度外，能源领域构建新型开放格局，加强国际合作也十分重要。能源体系的稳定和增长可以促进各国或地区经济、社会、文化的均衡发展，提高人民生活水平，推动建立民主公平的国际政治新秩序。中国保持着强劲的能源需求，然而在国际市场面临着进口依存度高、话语权不足、产能过剩的问题，需要加强国际能源合作，丰富能源供应主体，形成国内国外双循环相互促进的开放、包容的能源合作体系。要加强国家间能源合作。气候变化是人类面临的全球性问题，需要各国人民共同减排。中国能源体系的每个环节都与全球碳体系紧密联系，加强国家间碳减排合作、推动国际碳体系协调是中国作为新型开放大国的重要任务。要做到碳污协同共治，让更多的主体积极主动地参加到低碳经济中来。中国目前已成为全球生态文明建设的重要参与者、贡献者、引领者，遵照《联合国气候变化框架公约》的原则，促进了《巴黎协定》的全面平衡和有效实施。然而在气候变化谈判进程中，发展中国家和发达国家两大阵营的基本格局仍将长期存在。在当前应对气候变化谈判进程中，中国坚持发展中国家战略定位，加强与各国或地区的交流和协商，寻求各方利益与全球共同利益的契合点，推进全球治理和合作进程，发挥了大国的影响力和引领作用。

| 第四节 |

能源发展面临权衡抉择：能源不可能三角

能源高质量发展既需要关注效率，也需要关注公平，不能忽略欠发达地区的发展权问题；不仅要让市场起作用，还得在市场失灵的地方在让政府发挥作用的同时防止政策失灵。由此观之，决策者处于相当困难的境地。在确保能源供给的前提下，我们能否有一个打破不可能三角、兼顾各种目标的改革方案？若没有，则政策目标的优先序为何？完成这些需要的配套措施有哪些？改革的红利如何分配？改革的损失如何弥补？有无配套措施把改革红利和改革成本挂钩，以减小改革的阻力？

单看每个维度的改革，实现起来并不是十分困难。如图 2-6 所示，第一，确保能源供给，满足企业和居民日益增长的能源需求，尽管不容易但可以做到，即加大能源开发力度和能源进口强度。第二，治理环境污染，可以通过调整能源需求结构，减少煤炭使用达到；还可以通过能源的清洁利用，例如使用脱硫脱硝和减少二氧化碳排放的技术来降低二氧化硫等本地污染物和二氧化碳的排放。第三，调整经济结构，可以降低第二产业的比重，淘汰高耗能、高污染产业，同时鼓励第三产业的发展。第四，应对价格冲击，降低价格变化对企业和居民的影响，由于当前的新能源供给无法满足巨大的新增能源需求，煤炭仍将是满足我国日益增长的能源需求的主力军，因此实现途径就是尽量使用低成本的煤炭和技术，不额外投资减少污染所需要的设备和技术，并通过发电市场的充分竞争和政府对自然垄断的严格管制确保电力价格反映其生产成本。第五，保障能源安全，可通过加强国际合作规避可能存在的政治风险，保障能源供应安全；另外，通过改进能源利用技术，保障能源基础设施的稳固，保障人民的生命财产安全。

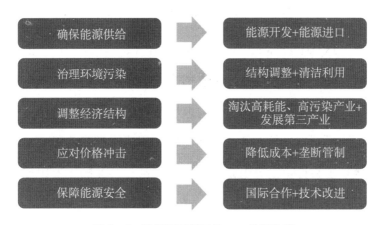

图 2-6 能源不可能三角——单维改革

在五个目标维度中，做到"二维兼顾"也并不困难。如图 2-7 所示，确保能源供给和治理环境污染同时实现是很容易的，途径之一就是使用那些成本较高但污染较少的新能源，辅之以使用脱硫脱硝技术和二氧化碳减排措施的火电。类似地，治理环境污染和应对价格冲击也是可以兼顾的，如只使用清洁且成本低的能源。确保能源供给和应对价格冲击同时实现就更容易了，通过发展成本低的火电就很容易做到。

问题的关键在于，同时实现上述五个目标是相当困难的，几乎是做不到的，很难找到一种能源结构和体制来确保"既有能源用，又没有污染，

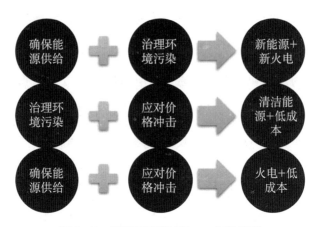

图 2-7　能源不可能三角——二维兼顾

价格还便宜"这三个目标能够同时实现（见图 2-8）。例如，使用成本较高、污染较少的新能源，辅之以火电的方法，在满足确保能源供给和治理环境污染的要求的基础上，无法在应对价格冲击、调整经济结构和保障能源安全方面满足基本目标。新能源本身的使用成本偏高、稳定性不高，并且极易成为攻击目标，而火电是经济结构中第二产业的重要组成部分，这一方案也只能满足二维的改革目标。又如，使用清洁且成本低的能源这一方案，能够很好地满足治理环境污染和应对价格冲击的目标，但是在确保能源供给、调整经济结构和保障能源供给方面没有办法满足。发展低成本的火电本身能够满足确保能源供给和应对价格冲击的目标，但如前所述，火电本身对经济结构调整和治理环境污染产生的作用都是负面的，无法满足这两个目标；而对于保障能源安全的目标，受制于成本因素，对安全风险的防控和监管力度就会是有限的。或者某两种方法能够实现三个目标，例如同时使用清洁能源和低成本的火电，可以实现治理环境污染、应对价格冲击和保障能源供给的目标，但这两种方法本身存在冲突，清洁能源本身对成本的要求就比较高，会对冲低成本火电在价格方面的优势。因而我们说存在某种意义上的不可能三角，即"既要、又要，还要"，包含三个或以上能源改革目标的方案是不存在的，我们总想充当"既先生"（姓既，名又还），但这是不符合实际的。从政策管理角度来讲，现有的方案哪个能够满足我们的设想？是需求侧管理、涨价，还是数量控制？从能源类别角度来讲，哪些能够实现我们的目的？是新能源、核电，还是煤炭的清洁利用？

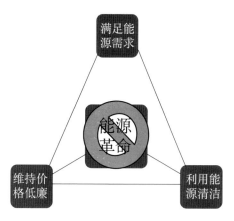

图 2 - 8　能源不可能三角

　　从上述分析中不难发现，我国决策者在能源革命方面处于非常困难的位置。以电力体制改革为例，作为特殊商品的电力，其影响和在实际生活中的重要性并不相称。电力的生产、消费和价格的任何风吹草动都会引发激烈讨论。和众多的政策辩论不同，关于电力的争论常常显得非常诡异，要么截然对立，要么鸡同鸭讲。前者表现在关于电力行业是天使还是魔鬼、电网拆分与不拆分、调度中心是否独立、输配是否分开等的争论中，后者体现在关于输配分开与竞价上网，环境税与交叉补贴，拆分电网、打破垄断与大用户直供等的争论中。单独看，也许每一个提议都是对的，但把它们放一起来看，则相互之间既可能不搭界，也可能相互冲突。诡异的背后其实反映了电力这个商品特殊的地方：技术上需要实时平衡，生产组织上有自然垄断性质，发电过程中会有大气污染物和二氧化碳等排放；此外，作为生活必需品，电力的供应多了生活保障方面的考虑。因此，讨论电力，既需要效率的角度，也需要公平的角度；既要让市场起作用，还得在市场失灵的地方在让政府发挥作用的同时防止政策失灵。推而广之，整个能源领域也几乎面临着同样的争论，在众多需要解决的问题中分出主次，评估改革中正面和负面作用的大小是一项艰巨的工作。显然，改革需要尽可能地保留优点，解决问题。

总而言之，能源革命的目标冲突是明显存在的。根据目前的能源发展情况和可能的解决路径，单个目标的解决方案是容易找到的，二维目标的达成在某些情况下也是能够实现的，但是要同时实现三维甚至更多的目标，在目前条件下是一定不可能的。一方面，同一个方案不可能同时满足三个目标；另一方面，两个及以上方案的组合有可能能够满足能源革命的目标，但是这几个方案之间本身会存在冲突，从而抵消各自的优势。

第三章

经济发展中的能源转型驱动力

2035 年基本实现社会主义现代化的目标对社会经济提出了高质量发展的要求，从而对作为经济社会的重要投入品和人民生活的必需品的能源提出了高质量发展的要求。在上一章的最后一节中，我们阐述了在能源高质量发展的多重目标下能源体系面临的"满足能源需求、利用能源清洁、维持价格低廉"的不可能三角权衡取舍。在气候变化的背景下，中国承诺的"双碳战略"使低碳清洁成为必然选择。如何实现能源体系转型？更进一步来讲，如何在高质量发展的多重目标和约束下，低成本、可持续地实现能源转型？

考虑到碳减排的全球公共物品属性、能源消费的外部性、能源行业的自然垄断特征等因素，政策干预是能源转型的必要手段。不过，能源转型固然需要依靠政策干预来实现，但经济社会发展规律中也蕴含着能源转型的自发的驱动力。若能借助自发的能源转型驱动力，就能在既定的能源转型目标下实现政策干预成本的最小化，使有限的政策资源发挥更大的干预效果。

自发的能源转型驱动力来自哪里？政策干预如何借助自发的能源转型驱动力更好地发挥作用？本章的第一节运用能源阶梯（energy ladder）和能源堆叠（energy stack）假说，从家庭能源品种选择的微观角度探讨了家庭用能选择随着收入水平的提高所发生的能源升级。第二节运用库兹涅茨曲线，从宏观历史数据中总结了一国的污染物排放、能源结构、碳排放水平随着经济发展水平的变化所表现出的倒 U 形规律。第三节在气候变化和"双碳战略"背景下，探讨了在既定的能源转型和碳减排目标下，政策干预如何借助自发的能源升级和碳减排驱动力优化减排路径、最小化减排成本。

第一节

能源转型的微观驱动力：家庭能源阶梯

家庭的能源选择受到多种因素的影响。能源的可得性、能源自身的价格、用能设备的普及程度、互补或替代能源的价格等外部因素都是家庭选择能源时所考虑的因素。除了这些外部因素外，家庭收入水平等内部因素也是影响家庭能源选择的重要因素。

关于家庭的用能选择，已有的研究成果主要有能源阶梯和能源堆叠两种假说（如图 3-1 所示）。关于居民的能源选择行为的能源阶梯现象是指，随着家庭经济社会地位的变化，居民会改变其使用的能源品种。能源阶梯假说将居民的能源选择按照家庭的经济社会地位大致划分为三个阶段：在经济社会地位较低的初始阶段，居民主要选择柴薪、秸秆、禽畜粪便等传统生物质能；在第二阶段，经济社会地位有所提高后，家庭放弃使用传统生物质能，转向煤炭、木炭、煤油等化石燃料；在第三阶段，居民用能以电力、天然气、液化石油气等现代能源为主。家庭生活中的烹饪、取暖制冷、照明等多种活动都需要消耗能源。在实际中，不同用途甚至同一用途的能源消费也常常是多元化的。能源堆叠假说认为，居民会同时使用多种能源，家庭的能源选择和消费总是存在多种能源共存的情况，收入水平提高会促进能源的转型，但不是简单的能源阶梯，而是能源堆叠。吴施美和郑新业提出，能源阶梯过程和能源堆叠过程是共存的[①]。随着收入的提高，家庭会逐渐转向使用更加清洁和便利的优质商品能源，家庭能源选择的转换并不是一种能源对另一种能源的完全替代。收入效应会促进家庭选择品质更高的能源，但能源价格水平变化所产生的替代效应以及不同能源的供应情况等因素都会使居民仍然保留原来所使用的能源品种。居民根据家庭自身情况和外部环境选择能源品种及其消费量，而非完全淘汰传统生物质能。

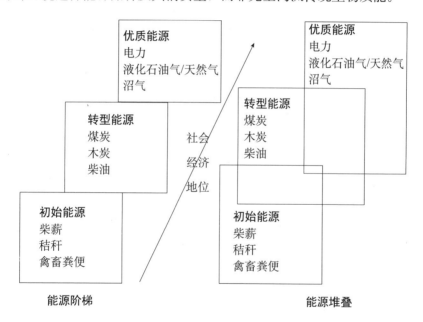

图 3 - 1　能源阶梯和能源堆叠图示

资料来源：van der Kroon B, Brouwer R, van Beukering P J. The energy ladder：theoretical myth or empirical truth? results from a meta-analysis [J]. Renewable and Sustainable Energy Reviews，2013 (20)：504 - 513.

_____

① 吴施美，郑新业. 收入增长与家庭能源消费阶梯：基于中国农村家庭能源消费调查数据的再检验 [J]. 经济学（季刊），2022，22（1）：45 - 66.

能源阶梯假说和能源堆叠假说背后的经济学理论基础在于，家庭在收入水平的预算约束下选择能源品种、能源消费量及其他商品和服务，以实现效用最大化的目标。不同能源品种的使用成本以及所带来的效用各不相同。传统生物质能如柴薪、秸秆、禽畜粪便的成本较低（甚至是零经济成本），相应的用能设备较简易，但其能源效率较低，且会对人的健康和环境产生较大的负面影响。此外，收集生物质能燃料需要耗费较多时间，延长了家庭劳动力用于家庭日常事务的时间，从而限制了其从事劳动和生产的时间。使用生物质能时产生的室内空气污染等还会造成严重的健康问题，降低人的劳动生产率。除了给家庭带来的这些内部成本外，生物质能的使用还常伴随着砍伐森林、土地退化和空气污染等负外部性。虽然电力、天然气等现代能源的成本相对较高，用能设备也更加复杂昂贵，但这些现代能源通常效率更高，需要更少的劳动力投入，每单位燃料产生的污染等负面影响也更少。即使在保持能源可得性、能源价格、互补品替代品价格等其他条件不变的情况下，随着家庭收入水平的提高，家庭的能源选择也会自发地发生变化，实现自主的能源转型；因此收入增长会助力家庭的能源转型。

以煤炭和电力这两种能源品为例，相对而言，电力消费更加便捷，对室内环境的负面影响较小，属于相对优质的能源品种，而煤炭的使用便捷性较差，对环境和人体的负面影响较大。按照能源阶梯假说和能源堆叠假说的预测，随着收入水平的提升，家庭会逐渐用电力替代煤炭，电力消费越来越多，煤炭消费越来越少。

家庭对不同能源品种的消费量的变化情况与按照能源阶梯假说和能源堆叠假说预测的结果一致。根据第六次中国家庭能源消费调查的结果，同一时期收入水平越高的组别会消费更多的优质能源（电力）。如图 3 - 2 所示，居民用能结构随着收入上升逐渐升级。

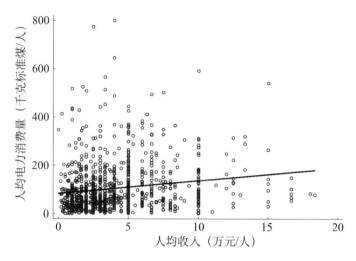

图 3 - 2　收入与居民电力消费的关系

资料来源：中国家庭能源消费调查网站（http：//crecs. ruc. edu. cn/2020/02/17/crecs/）。

吴施美和郑新业使用中国人民大学应用经济学院的中国家庭能源消费调查问卷（Chinese Residential Energy Consumption Survey，CRECS）数据，采用更加严谨的实证计量方法考察了收入水平提高对家庭炊事和取暖用能选择的影响，为能源阶梯假说和能源堆叠假说提供了微观层面的实证证据。从家庭用能品种的数量角度看，随着收入增长，家庭同时使用的能源品数量呈现倒 U 形（如图 3 - 3 所示）。对于收入水平较低的家庭而言，居民的能源品种选择主要考虑用能成本，通常选择经济成本较低甚至零成本的柴薪、秸秆等生物质能。随着收入水平的提高，居民有能力购买更多的用能设备，开始使用品质更高的燃料，但并不会完全放弃生物质能等品质较差的能源，处在这一阶段的家庭所使用的能源品种最多。当收入水平继续提高并达到一定水平时，家庭拥有较高的购买力，基于时间成本、健康成本等多方面的考虑，会放弃使用耗费更多时间、效率较低且会造成室内污染的劣质能源，全部使用电力、天然气等更加清洁的现代能源。收入水平提高会带来家庭用能品种数量的变化一定程度上说明了居民会根据收入水平调整家庭的用能结构。这也为能源堆叠假说提供了实证证据。为进一步考察人均收入对家庭能源选择概率的影响，将能源品种划分为"劣质"、"转型"和"优质"三种类型，研究发现人均收入每增加1%，家庭选择劣质能源的概率会降低7.4%，而选择转型能源和优质能源的概率会分别提高1.7%和5.7%。这为能源阶梯假说提供了实证证据，即人均收入的提高会促进家庭用能转型。

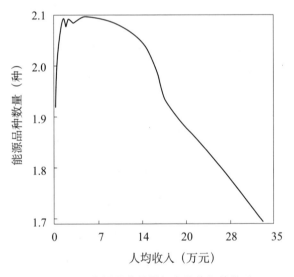

图3-3　能源品种数量与人均收入的关系

能源转型的宏观驱动力：库兹涅茨曲线
与省级能源阶梯

一、能源转型的库兹涅茨曲线

库兹涅茨曲线是经济学家西蒙·库兹涅茨在 20 世纪五六十年代提出的关于经济发展水平与收入不平等程度之间关系的假说。西蒙·库兹涅茨认为：经济的发展伴随着工业化和城市化，劳动力从农业部门进入非农部门。非农部门的收入水平高，不平等程度也较高。随着人口的转移，整体的不平等程度可能会上升，但随着平均收入水平的提高，人口转移达到一定的水平，不平等程度将达到拐点，之后不平等程度将会下降[①]。

从横截面数据来看，使用世界不平等数据库（World Inequality Database，WID）提供的 38 个国家 1980 年至 2019 年基于税后国民收入的基尼系数数据及相应国家和年份的人均 GDP[②] 作出散点图，可以看到基尼系数与人均 GDP 基本呈现倒 U 形关系（见图 3 - 4）。由于世界不平等数据库

---

① Kuznets S. Economic growth and income inequality [J]. The American Economic Review，1955，45（1）：1 - 28.
② 折算为 2010 年美元。

基尼系数的样本国家主要为中高等收入和高收入国家，因此显示出倒 U 形曲线后半段的负相关关系较为明显。

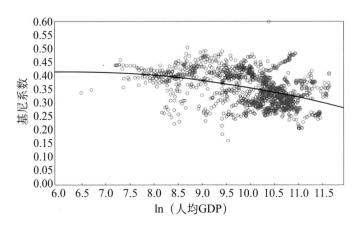

图 3 - 4　人均 GDP 与基尼系数

资料来源：基尼系数来自世界不平等数据库，为基于税后国民收入的基尼系数；人均 GDP 数据来自世界银行，以 2010 年美元计价。

从中国不平等指标的时间变化趋势来看，如图 3 - 5 所示，2003 年以来全国居民可支配收入的不平等程度先是在波动中升高，2008 年达到峰值 0.491，然后逐渐下降，到 2019 年时，基尼系数降低至 0.465，呈现出了库兹涅茨倒 U 形的特征。考虑到目前中国的不平等主要是城乡之间的不平等，考察 1985 年以来城镇居民人均可支配收入和农村居民人均可支配收入的比值，该比值越大，表示城乡居民的收入差距越大。如图 3 - 6 所示，这一比值也呈现出了典型的库兹涅茨倒 U 形。城乡收入差距在 2007 年达到峰值，到 2020 年降低至 2.56。

环境库兹涅茨曲线是建立在描述收入不平等程度与经济发展水平之间关系的库兹涅茨曲线基础之上的关于环境质量和经济发展水平之间关系的假说。环境库兹涅茨概念的首次提出是在《1992 年世界发展报告》中。该

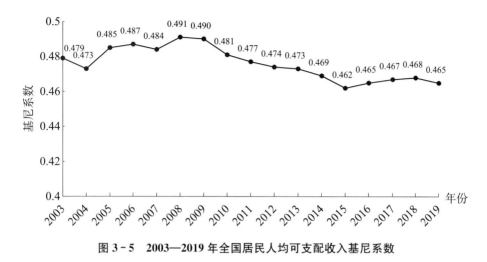

图 3-5　2003—2019 年全国居民人均可支配收入基尼系数

资料来源：国家统计局住户调查办公室 . 中国住户调查年鉴 2020［M］. 北京：中国统计出版社，2020.

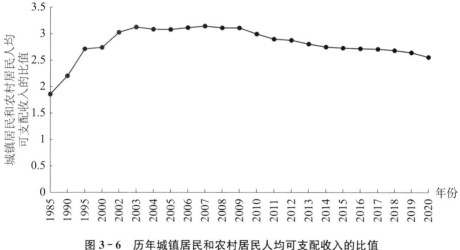

图 3-6　历年城镇居民和农村居民人均可支配收入的比值

资料来源：国家统计局住户调查办公室 . 中国住户调查年鉴 2020［M］. 北京：中国统计出版社，2020.

报告指出环境污染先随着经济增长而恶化，当人均收入在经济发展的过程中达到一定水平后，环境污染达到转折点，随后环境质量随着人均收入水平的提高而逐渐改善。环境库兹涅茨曲线所描述的环境污染与经济发展水平间的倒 U 形关系的理论基础是：环境质量最初随着工业化的推进而下降，在经济发展达到一定水平后达到最低水平，当人均 GDP 继续增长时，环境质量会随着经济发展而逐渐改善。

如图 3-7 所示，以二氧化硫排放为例，主要发达国家从工业化开始的年人均二氧化硫排放量均呈现出了明显的倒 U 形特征：随着工业化的推进，二氧化硫排放量先随着经济发展而增加，达到峰值后下降。从同一时期世界不同国家的经济发展水平和环境污染程度来看，以空气污染造成的死亡率为例，如图 3-8 所示，在中等收入国家，室外空气污染造成的死亡率最高，在发达国家和经济欠发达的国家，室外空气污染造成的死亡率相对较低，也呈现出典型的库兹涅茨倒 U 形特征。中国的年人均二氧化硫排放量的时间路径也呈现倒 U 形（见图 3-9）。

类比库兹涅茨曲线和环境库兹涅茨曲线，能源转型和碳排放是否也存在倒 U 形规律？图 3-10 和图 3-11 分别展示了 2019 年不同国家化石能源比重和可再生能源比重与人均 GDP 之间的关系。图 3-12 对比了 1965 年以来中国和主要发达国家的化石能源比重。从中可以发现，高收入国家的化石能源比重较低、可再生能源比重较高，低收入和欠发达国家和地区的化石能源比重较高，可再生能源比重较低。从主要发达国家能源结构的时间路径来看，化石能源比重随着经济的发展也呈现出逐渐降低的趋势，符合库兹涅茨倒 U 形的特征。

关于人均碳排放，图 3-13 展示了 2018 年世界各国的人均 GDP 和人均二氧化碳排放量的关系，发达国家的人均碳排放水平较高，欠发达和低收入国家的人均碳排放水平则较低。从主要发达国家的人均碳排放时间路径来看（见图 3-14），加拿大、美国、法国等国家的人均碳排放都经历了

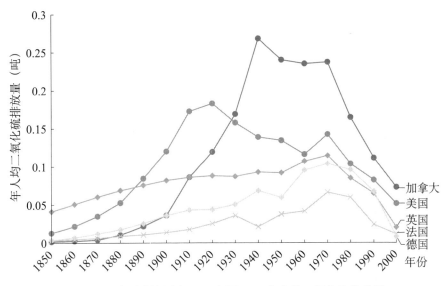

图3-7　主要发达国家1850年至2000年人均二氧化硫排放量

资料来源：Our World in Data（https：//ourworldindata.org/grapher/so-emissions-per-capita-tonnes-per-year）.

注：图中可得数据只到2000年，这里主要展现长时间的历史趋势。

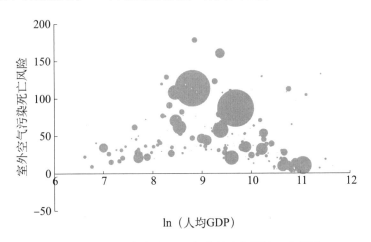

图3-8　2019年人均GDP与室外空气污染死亡风险

资料来源：Our World in Data（https：//ourworldindata.org/outdoor-air-pollution）.

注：图中数据点的大小代表人口数量。人均GDP以国际元计价。纵轴室外空气污染死亡风险用每10万人中因室外空气污染而过早死亡的人数进行衡量。

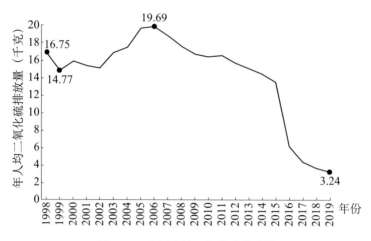

图 3-9 中国人均二氧化硫排放量

资料来源：历年《中国统计年鉴》。

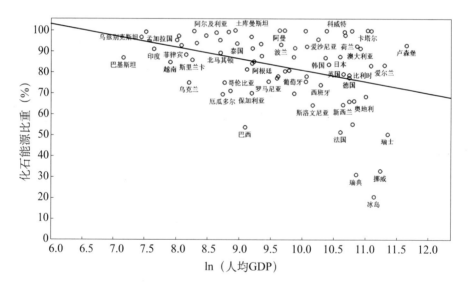

图 3-10 2019 年世界各国化石能源比重与人均 GDP

资料来源：人均 GDP 数据来自世界银行数据库，化石能源比重数据来自 Our World in Data（ht-tps：//ourworldindata.org/fossil-fuels）。

注：人均 GDP 以美元计价。

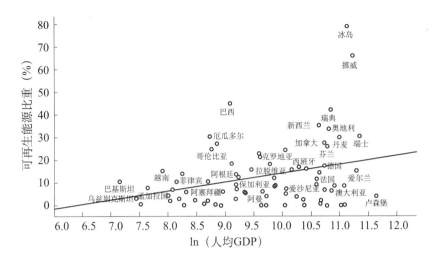

图 3 - 11　2019 年世界各国可再生能源比重与人均 GDP

资料来源：人均 GDP 数据来自世界银行（https：//data.worldbank.org/indicator），化石能源比重数据来自 Our World in Data（https：//ourworldindata.org/fossil-fuels）。

注：人均 GDP 以美元计价。

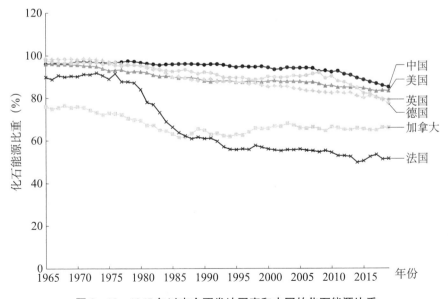

图 3 - 12　1965 年以来主要发达国家和中国的化石能源比重

资料来源：Our World in Data（https：//ourworldindata.org/fossil-fuels）.

典型的库兹涅茨倒 U 形变化的阶段。而中国历史上的人均碳排放水平较低，目前仍然处于碳排放随经济增长增加的阶段。综上所述，从全球的能源结构、碳排放数据来看，经济体在发展的过程中蕴含着向低碳清洁能源转型的内在动力。

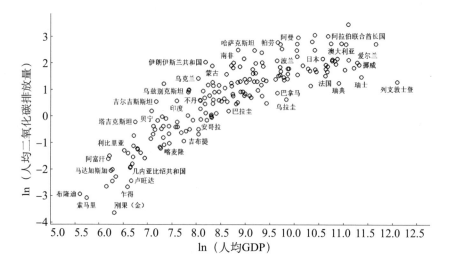

图 3-13　2018 年世界各国人均 GDP 和人均二氧化碳排放量

资料来源：世界银行（https：//data.worldbank.org/indicator）。

注：人均二氧化碳排放量单位为吨，人均 GDP 以美元计价。

二、省级能源阶梯

从能源阶梯角度来讲，地区经济发展、产业结构转型、人民生活水平提升等因素都会引致地区能源结构发生改变。上一小节中，我们主要从国家层面分析了能源结构和能源转型随着一国经济发展水平而变化的规律，本小节我们关注国内地区层面的能源转型规律。

中国的能源资源以煤炭为主，并且能源资源的空间分布具有不均衡的特点，煤炭资源丰富的省份通常均有大量的能源加工与转换产业，而且得

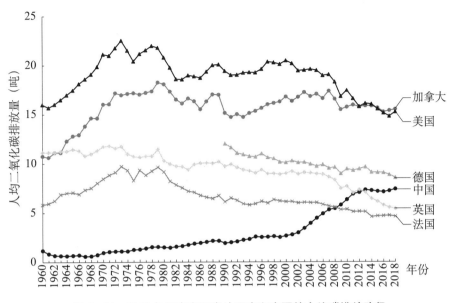

图 3-14 1960 年以来主要发达国家和中国的人均碳排放路径

资料来源：世界银行（https：//data.worldbank.org/indicator）。

益于自身的资源禀赋，各类经济活动中更易形成以煤炭为主的能源消费结构。因此，我们按照煤炭资源禀赋将中国的省份划分为资源型地区和非资源型地区。参考 Yu 等人及李刚等人研究成果①的划分方法，综合考虑各地区煤炭产储、资源型产业对经济发展的影响程度，选取山西、内蒙古、贵州、陕西、新疆、宁夏、甘肃和云南 8 个省份为资源型地区，其他省份划为非资源型地区。

与本章第一节的能源品种分类保持一致，作为转型能源的煤炭的消费量占各地区能源消费总量的比重与地区人均 GDP 之间呈现负相关关系（见图 3-15），经济发展水平越高的地区，能源消费结构中煤炭的比重越

---

① Yu J，Li J，Zhang W. Identification and classification of resource-based cities in China [J]. Journal of Geographical Sciences，2019，29（8）：1300-1314；李刚，马羽洁，牛冲槐. 煤炭资源型地区技术锁定效应测度研究 [J]. 运筹与管理，2020（12）：147-153.

低。我们注意到，在煤炭资源丰富的地区，煤炭消费量占能源消费总量的比重很高，甚至超过了 100％，其原因主要是这里的煤炭消费量包括了能源转换加工量。为了扣除能源加工转换量的影响，我们使用各地区的煤炭终端消费量计算占比，结果如图 3-16 所示，煤炭消费量的占比与人均GDP 负相关的关系仍然保持不变。

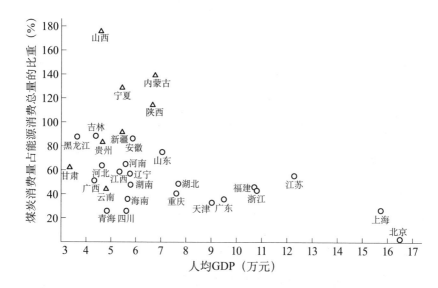

图 3-15　2019 年各地区煤炭消费量占能源消费总量的比重与人均 GDP

资料来源：煤炭消费量来自《中国能源统计年鉴 2020》中分地区分品种能源消费量，人均 GDP 来自国家统计局（https：//data.stats.gov.cn/）。

注：图中〇表示非资源型地区，△表示资源型地区。

同时，我们也观察了各个地区 2000 年以来煤炭消费量占能源消费总量的比重的时间变化趋势。按照变化趋势，大致可以分为以下三种类型：（1）下降（见图 3-17），典型省份为北京、上海、重庆、天津等经济发展水平较高的地区；（2）倒 U 形（见图 3-18），典型省份为云南、河南、贵州等省份；（3）上升（见图 3-19），典型省份为新疆、陕西、内蒙古等经

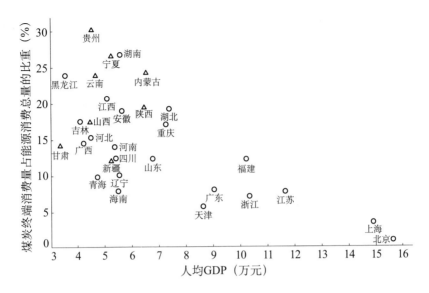

图 3 - 16　2019 年各地区煤炭终端消费量占能源消费总量的比重与人均 GDP

资料来源：煤炭终端消费量来自《中国能源统计年鉴 2020》中各地区的能源平衡表，人均 GDP 来自国家统计局（https：//data. stats. gov. cn/）。

注：〇表示非资源型地区，△表示资源型地区。

济欠发达地区和煤炭资源较为丰富的地区。

　　按照能源阶梯假说，随着经济发展水平的提高，电力等优质能源的消费量及其占比会随之提高。我们使用各地区电力消费量数据，按照电热当量折算成标准煤单位，计算出电力消费量占能源消费总量的比重（注意，此处所使用的电力消费量既包括来自水能、风能、光能、核能发电的一次能源，也包括来自煤炭、天然气发电的二次能源，是电力消费总量）。如图 3 - 20 所示，经济发展水平越高的地区，电力消费在能源消费总量中的比重也越高，与能源阶梯假说一致。

　　综合上述关于煤炭消费量比重和电力消费量比重随地区经济发展水平的变化规律，可以看出在省级层面也存在着能源阶梯。

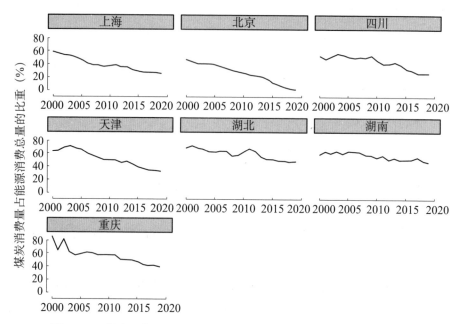

图 3-17 煤炭消费量占能源消费总量的比重呈现下降趋势的典型省份

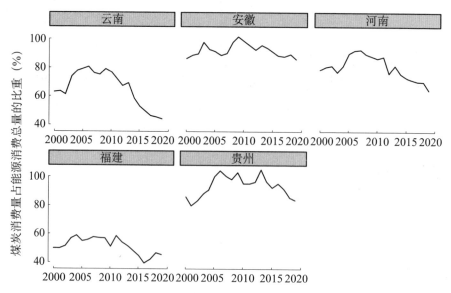

图 3-18 煤炭消费量占能源消费总量的比重随时间呈现倒 U 形的典型省份

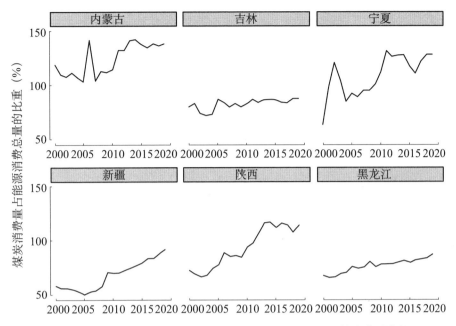

图 3 - 19　煤炭消费量占能源消费总量的比重呈现上升趋势的典型省份

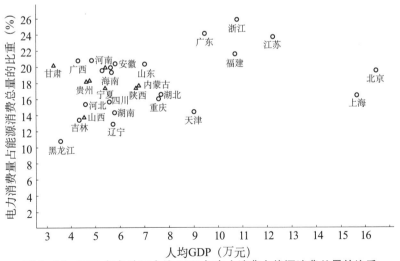

图 3 - 20　2019 年各地区人均 GDP 与电力消费占能源消费总量的比重

资料来源：电力消费量来自《中国能源统计年鉴 2020》，各地区人均 GDP 来自国家统计局（ht-
tps：//data. stats. gov. cn/）。

注：○表示非资源型地区，△表示资源型地区。

| 第三节 |

能源转型的政策驱动力："双碳目标"

一、减排目标分配的横向正义论和代际正义论

碳减排是全球公共物品，碳排放既存在全球外部性，也有代际外部性，因此减排目标的实现十分依赖国际谈判与合作。在全球气候变化问题的国际协同中，碳公平是国际合作讨论中关注的焦点。碳公平是指碳排放权利与碳减排责任的对等，既包括碳排放权的分配公平，也包括碳减排责任的分配公平。自《京都议定书》签订以来，减排主要采用控制全球碳排放总量的方式。在既定的总量目标下，如何合理地在时间和空间上分配碳排放量是达成国际碳减排合作的重要基础，因而也是碳经济学中的重要问题。

关于温室气体排放的公平性，《联合国气候变化框架公约》中规定的用于指导缔约方采取履约行动的五项原则的第一条即公平原则（共同但有区别的责任原则）："各缔约方应在公平的基础上，根据它们共同但有区别的责任和各自的能力，为人类当代和后代的利益保护气候系统，发达国家应率先采取行动应对气候变化及其不利影响。"

从时间和空间两个维度来看，碳减排的公平性可以分为横向个体公平

和纵向代际公平两个方面。其中，横向个体公平指的是同一时期内不同经济体和不同收入水平的群体之间碳排放权分配或碳减排目标分配的公平性；纵向代际公平是碳排放权和碳减排目标在不同时期的分配的公平性。

从横向个体角度来看，一方面，欠发达地区还仍然有大量人口无法获得可靠的电力服务（见图3-21），电气化水平非常低，能源消费还主要依赖柴薪等较为劣质的能源。尽管提升电气化水平和推进电力的低碳清洁转型是国际公认的减排路径，但由于经济发展水平落后，电力服务的覆盖率较低，因此这些欠发达地区承担减排任务的能力有限。另一方面，如上一节的图3-13所示，同一时期，经济发展水平较高的国家，其人均碳排放水平也较高。考虑到二氧化碳排放的时空无关性，历史排放的二氧化碳和当期排放的二氧化碳对气候变化造成的影响是相同的，如图3-22所示，经济发展水平较高的国家和地区，其历史累计的碳排放水平也较高。出于公平性的考虑，人均收入水平较高的发达国家应当承担更多的减排责任，欠发达国家和发展中国家应享有较多的排放权，承担较少的减排任务。

碳排放总额控制是缓解气候变化的主要方式，排放总额的合理分配是推动形成国际合作的关键。各国家和地区在经济体量、发展水平和资源禀赋等方面都存在着巨大的差异，不同国家和地区的碳排放水平也存在较大差异。碳排放总额在各个国家和地区之间的分配应以碳排放的横向公平为基本原则进行核定。对中国而言，坚持碳排放的横向公平原则一方面可以为在国际上为中国争取合理的碳排放权提供有力论据，另一方面也可为碳排放限额在国内各个地区之间的合理配置提供可靠依据，促进碳达峰和碳中和目标的实现。

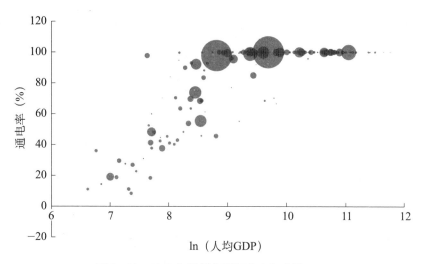

图 3 - 21   2019 年世界各国通电率与人均 GDP

资料来源：Our World in Data（https：//ourworldindata. org/energy-access）.

注：通电率是指能够获得电力服务的人口占总人口的比重。图中数据点的大小代表人口数量。人均 GDP 以国际元计价。

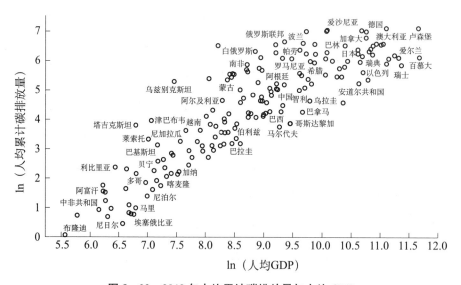

图 3 - 22   2019 年人均累计碳排放量与人均 GDP

资料来源：人均累计碳排放量和人口数据来自 Our World in Data，人均 GDP 来自世界银行（ht-tps：//data. worldbank. org/indicator）。

注：人均累计碳排放量单位为吨，人均 GDP 以美元计价。

从纵向代际角度来看，本代人放弃消费形成减排投资，投资成本由本代人承担，而减排的受益者主要是后代人，因而存在成本和收益的时间不匹配，可以看作将本代财富转移到后代。随着经济的发展，通常情况下后代将比本代更富裕，换言之，当下减排意味着穷人财富向富人的转移，会进一步加剧代际的社会不公平性[①]。碳中和不仅是关于气候变化的议题，而且是一个关于经济发展的议题，还是关系到代际正义的议题。为了使这三个议题得到妥善处理，我们认为应使碳减排成本代际均等化。

减排的主要目标是控制总量，可将二氧化碳减排目标的跨期分配类比为可耗竭资源的跨期开采。在关于可耗竭资源开采的跨期决策中，决策者需要在既定的可开采资源总量的约束下，决定不同时期的最优开采量，以实现跨期的总利润最大化。在每一个开采期，若开采量过大，则会使可耗竭资源的市场价格大幅降低，从而降低总利润，因此需要合理分配各个时期的开采量。在碳中和减排问题方面，《巴黎协定》确立了"本世纪内将全球平均温升控制在2℃以内（较工业化前水平），并努力控制温升幅度不超过1.5℃"的长期目标，这意味着履约国家未来的碳排放总量需要控制在一定的范围之内。将碳排放总量看作一种可耗竭资源，减排的最优时段配置可以类比可耗竭资源的开采。结合霍特林法则（Hotelling's Rule），应实现碳减排成本的代际均等化——在考虑到贴现率以及经济发展等因素的前提下，使每一时期用于碳减排的成本相同。

碳减排成本代际均等化所建议的碳交易市场价格及碳减排量随时间变化的曲线如图3-23所示。为实现代际正义，并实现社会总效用最大化的

---

① Gollier C，Hammitt J K. The long-run discount rate controversy [J]. Annu. Rev. Resour. Econ.，2014，6（1）：273-295.

目标，最优的碳减排量及相应的碳价格应逐期上升。

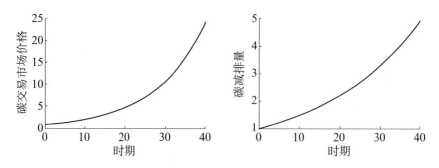

图 3 - 23　基线情境下碳价格及碳减排量变化路径

注：碳交易市场价格为指数价格，每期碳减排量为总减排量的百分比。

二、"双碳目标"下能源转型的政策干预

我们分别估计了中国在无政策干预、2℃温升目标、代际正义下的碳减排路径，以及其他模型的平均减排路径（见图 3 - 24）。结果显示，在没有政策介入的前提下，我国碳排放呈现倒 U 形的库兹涅茨曲线，可以在 2030 年左右自动实现碳达峰。但在无政策干预的情况下，尽管 2030 年达峰后碳排放有所降低，却无法实现 2060 年前碳中和的目标。

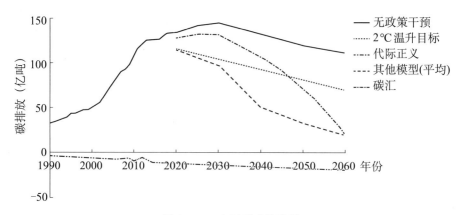

图 3 - 24　中国碳减排路径

　　政策干预可以改变库兹涅茨曲线的位置和斜率，在气候变化加剧和"双碳战略"的背景下，政策干预可以通过改变碳达峰时间、碳达峰峰值，以及越过拐点后碳排放的路径，从而实现既定的碳中和目标。所以，结合上一节所讨论的代际减排成本的最优路径，在 2060 年前实现碳中和目标的约束下，建议在 2020—2030 年间实施较低的碳价格的同时少量减排，而在 2050—2060 最后十年间享受技术进步、能源效率提升、产业结构调整、经济集聚、人力资本提升等因素带来的红利，大幅提高碳价格、加速减排，于 2060 年前使碳排放与碳汇相抵消，实现碳中和。

第四章

中国能源和碳的特征事实

在发展目标下进行能源转型，需充分了解中国能源和碳的特征事实。本章第一节从能源供给、能源需求、能源价格、能源贸易和能源政策体系等五个方面描述中国经济与社会发展中能源的基本事实。第二节从碳排放的总量，碳排放与经济总量、产业结构、能源供给结构的关系，碳排放的区域差异，碳排放的价格体系，碳生产率，碳减排成本，碳排放与污染排放的关系等七个方面全面展示中国的碳事实。第三节在中国能源与碳事实的背景下论述了能源高质量发展的必要性。

｜ 第一节 ｜
经济与社会发展中的能源

一、能源供给

（一）能源禀赋不突出，人均能源资源占有量较低

我国国土面积大，拥有较丰富的化石能源资源。中国一次能源禀赋具有"富煤、贫油、少气"的特点。《BP 世界能源统计年鉴 2021》显示，截至 2020 年年底，中国煤炭探明储量为 1 432 亿吨，位居世界第四。已探明的石油、天然气资源储量相对不足，石油全部探明储量为 35 亿吨，占全球的 1.5％；天然气全部探明储量为 296.6 万亿立方英尺，占全球的 4.5％；但是能源的长期供给能力较弱。

从新增储量看，我国煤炭资源的发现速度在近十年来整体呈现下降趋势，储量增长较慢；石油资源的发现速度长期处于较低水平，新增石油储量不明显；天然气的发现速度较快，增长潜力较大。但是，新增储量还需要具备经济性才能真正转化为能源资源。

中国拥有较丰富的可再生能源资源。据中国气象科学研究院估算，我国陆地上技术可开发利用风能储量约 2.5 亿千瓦，近海可开发利用风能储量约 7.5 亿千瓦，共计约 10 亿千瓦，仅次于俄罗斯和美国，居世界第三位。据有关统计资料，中国陆地面积每年接收的太阳辐射总量相当于 249.6 亿吨标准煤[①]。根据《BP 世界能源统计年鉴 2021》，2020 年全球光伏发电总量为 8 557 亿千瓦时，增长 20.5%，其中中国占全球总量的 30.5%，居世界第一位。

中国尽管有较丰富的能源资源，但由于人口基数大，人均能源资源拥有量较低。中国人均能源资源拥有量不到世界平均水平的一半，石油仅为世界平均水平的十分之一。同时，中国资源开发难度较大。大部分煤炭储量需要井工开采，极少量可供露天开采。石油天然气资源地质条件复杂，对勘探开发技术要求较高。未开发的水力资源开发难度和成本较大，经济性较差，缺乏竞争力。

（二）能源供给总量可观，但保供形势仍不乐观

改革开放以来，我国能源生产总量呈现持续增长的趋势，在 1978 年至 2020 年间，中国能源生产总量从 6.3 亿吨标煤上升到 40.8 亿吨标煤，

---

① 智研咨询. 2017—2022 年中国光伏发电市场行情动态及发展前景预测报告［R］.（2016 - 10 - 11）［2022 - 03 - 15］. http://www.chyxx.com/research/201610/454964.html.

增长了5.48倍。但从2011年开始，我国一次能源生产总量的年增长率有所下降，2016年生产量同比下降了5.5%，2016年以后有所上升，但是我国能源保供形势仍不乐观。

（三）能源供给结构长期内以煤炭为主，新能源占比持续上升

一次能源总产量中煤炭比例仍然很高。2020年原煤产量达到27.6亿吨标准煤，占一次能源产量的68%。原油和天然气产量增长幅度不大，2020年分别占一次能源总产量的7%和6%。水电、核电、风电一直稳定增长，虽然基数很小，但增长速度很快。

具体而言，我国能源供给结构呈现出以下特点：

煤炭长期处于基础性地位。改革开放40多年以来，原煤始终是我国能源供应的主力，占比为70%～80%。以煤炭为主的能源生产结构是由我国能源资源禀赋所决定的，在短时间内不会发生较大变化。但是随着低碳发展战略的实施，我国原煤产量开始下降。国家统计局数据显示，2010—2020年，我国原煤产量占一次能源生产总量的比重从76.2%下降到了67.6%。2020年7月，我国规模以上企业原煤产量3.2亿吨，同比下降3.7%，日均产量环比下降8.0%；1—7月累计产量21.2亿吨，同比下降0.1%。

石油比重下降，天然气比重上升。作为我国能源供应的另一重要来源，原油产量在2016年以前始终保持增长趋势，但增速逐渐放缓，2016年后产量出现下降。而原油产量占一次能源生产总量的比重则持续下降，1980—2020年下降了17.6个百分点。作为最清洁低碳的化石能源，天然气在资源潜力、清洁性、高效性等方面具有明显优势，是向新能源过渡的桥梁。我国天然气产量自 1995 年起进入快速增长阶段，从 2014 年开始增速明显放缓且消费量增速持续大于产量增速，2020 年产量达到 1 925 亿立方米，占一次能源总产量的比重为 6%。但需要注意的是，虽然我国天然气产量持续提升，但"煤改气"工程的推动使得天然气的需求大幅上升，自产供应明显不足，对外依存度攀升。截至 2020 年年末，天然气对外依存度已达 40% 以上。

一次电力生产比重上升，发电结构逐步优化。40 多年来，我国能源生产中一次电力生产的比重不断上升，从 1978 年的 3.1% 上升到 2020 年的 19.6%，提高了 16.5 个百分点。长期以来，我国电力生产形成了以火电为主的生产结构。2000—2011 年期间，火电占比高达 80% 左右，但从 2012 年开始火电生产比重明显下降，并且呈现出持续下降的趋势，说明我国政府采取的节能减排和环保政策已初显成效。装机容量方面，我国非化石能源装机容量占比持续上升，根据《二〇二〇年电力工业统计资料汇编》，2020 年我国非化石能源装机容量占比达到 43.4%，较 2000 年上升了约 20 个百分点。2020 年核能发电、风力发电、太阳能发电占全部发电量的比重分别为 4.8%、6.1% 和 3.4%。

毋庸置疑，新能源以其环保性和经济性得到了人们的青睐，未来发展态势良好，积极发展新能源发电是我国调整能源结构、保护环境、应对气候变化、实现经济发展方式转变和可持续发展的战略选择。但是必须承认，在可预见的将来，新能源发电并不是满足我国电力需求的主力。

先进煤电机组 VS 新能源机组

　　在电力行业中，先进煤电机组和新能源机组都可以助力绿色发展的实现。先进煤电机组是指那些装机容量大、技术先进、煤耗更低的机组。根据当前的技术发展水平，我们可以简单化地将先进煤电机组用百万千瓦以上的煤电机组来表示。如图4-1所示，全国层面新能源机组和先进煤电机组占比在持续提升，但2011年后新能源机组装机增长速度更快，明显超过高效率煤电机组。

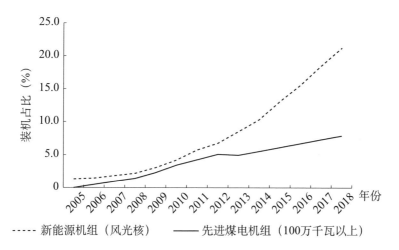

图4-1　2005—2018年先进煤电机组与新能源装机占比的变化

资料来源：历年《中国电力统计年鉴》。

　　那么，这两种绿色技术在各省份之间的关系是怎样的呢？是叠加还是彼此替代？我们将不同省份2018年先进煤电机组和新能源机组的占比画在散点图（见图4-2）中发现，两者具有一定的替代性，即新能源机组装机占比更高的省份先进煤电机组占比较低，而先进煤电机组占比更高的省份对新能源机组的重视程度也会相对较低。

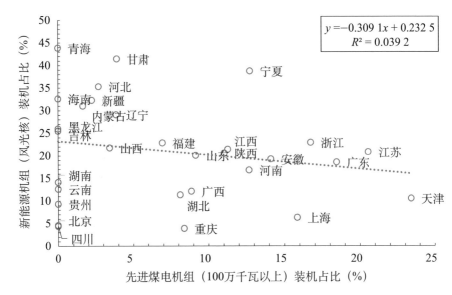

图 4-2   2018 年先进煤电机组与新能源机组装机占比图

资料来源：历年《中国电力统计年鉴》。

（四）风电和光伏有效容量较低，大规模推广对电力系统稳定供应提出挑战

在现有技术水平下，风电与光伏这两类能源的有效装机容量较低，保障电力稳定供应所需的装机规模更大。直观来看，风电和光伏的有效利用时间为各类主要电源的最低水平。根据 2020 年数据，在全年 8 760 个小时中，风电平均利用小时数为 2 078 小时，光伏平均利用小时数为 1 281 小时，同期火电平均利用小时数为 4 211 小时，水电平均利用小时数为 3 825 小时，核电平均利用小时数更在 7 000 小时以上。

具体来说，机组的实际发电量＝电源装机容量×机组容量因子[①]，在提供同等发电量时，机组容量因子越低，需要的装机容量越大。2020 年中

---

① 容量因子＝年平均利用小时数/8 760。

国风电容量因子仅为 0.26，光伏发电容量因子仅为 0.13，反映了风电和光伏的利用率较低。相比之下，2020 年中国煤电容量因子约为 0.49，水电容量因子约为 0.42，核电容量因子在 0.8 以上。因此，风电和光伏的有效容量要远低于其装机容量，为保证中国 2035 年 16 万亿千瓦时的电力消费，假设低碳电力系统中风电和光伏会提供全社会用电量的 50%，则风电的装机规模要高达 13.7 亿千瓦，是目前中国累计风电装机规模的 7 倍，光伏装机规模要高达 27.4 千瓦，是目前中国累计风电装机规模的 11 倍。

二、能源需求

（一）能源满足经济发展和居民需要

1980—2020 年中国能源消费持续增长，从 6.0 亿吨标准煤增长至 49.8 亿吨标准煤，增长了 7.3 倍，超过美国成为世界第一大能源消费国。能源消费高速增长是推动经济发展、提升人民生活质量的重要标志。同时，经济发展离不开能源建设的快速推进，能源建设与经济建设同步推进，很好地满足了经济发展的需要。

不仅能源消费与经济发展密不可分，而且其增长更与居民生活质量提升有着直接联系。图 4-3 显示了 2013—2019 年居民家庭主要耐用消费品平均每百户年末拥有量和生活能源消费量的变化情况。综合来看，居民家庭耐用品拥有量均经历了高速增长，家庭用能设备拥有量的增加带来了家庭对电力和汽油等能源品的需求，这解释了图中生活能源消费量的持续增长。

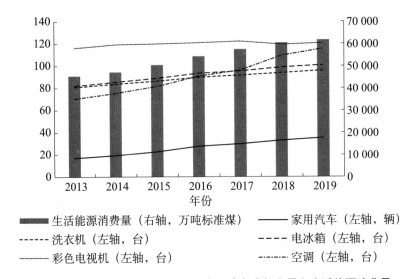

图 4-3 居民家庭主要耐用品平均每百户年末拥有量和生活能源消费量

资料来源：国家统计局（https：//data. stats. gov. cn/easyquery. htm？cn＝C01）。

（二）能源需求结构仍以煤炭为主

长期以来，受能源资源禀赋的影响，我国形成了以煤炭为主的能源消费结构，1980 年我国煤炭消费总量为 4.3 亿吨标准煤，到 2020 年达到了28.3 亿吨标准煤，占能源消费的比重为 56％（见图 4-4）。虽然煤炭对推动我国工业化和促进经济发展起到了不可替代的作用，但大量化石能源的消费导致了严重的环境污染和气候问题，已成为我国实现可持续发展的重大障碍。

具体来说，我国能源消费结构的演变呈现出以下特点：

第一，煤炭、石油消费比例下降，天然气消费比例上升。2012 年以前，我国对煤炭的消费占能源消费的比例长期高达 70％左右，形成了以煤炭为主的消费结构。但近几年来，随着各种环保政策的推出与实施，煤炭消费量与占比逐渐下降，"去煤化"趋势明显。除煤炭外，近年来我国对

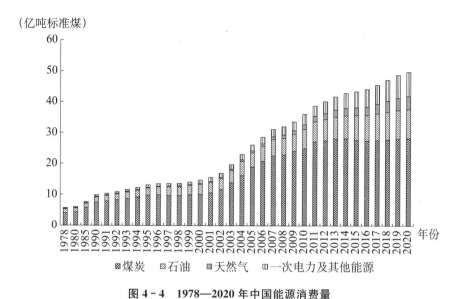

（亿吨标准煤）

图 4 - 4　1978—2020 年中国能源消费量

资料来源：国家统计局. 中国统计年鉴 2020［M］. 北京：中国统计出版社，2021.

石油的消费的占比也呈现逐步下降的趋势。从 2010 年到 2020 年，我国天然气消费量持续上升，虽然 2014—2016 年经历了短暂的低谷期，但 2017 年在"煤改气"工程的推动下，天然气消费量呈现井喷式增长，增长率高达 17％（见图 4 - 5），这使得天然气消费在能源消费中的占比提高了 0.7 个百分点，上升至 7％。

第二，新能源消费增长迅速。可再生能源消费增长步伐加快，风电消费增长迅速。我国可再生资源（包括风能、地热、太阳能、生物质能和垃圾发电等）的消费量增长迅速：2010 年我国可再生能源消费量仅为 1 840 万吨油当量，到 2020 年已达到 18 610 万吨油当量，平均增长率高达 26％左右。虽然对可再生能源的消费量持续上升，但可再生能源发电本身具有波动性和不确定性，因此我国现阶段能源消费不能过度依赖可再生能源。

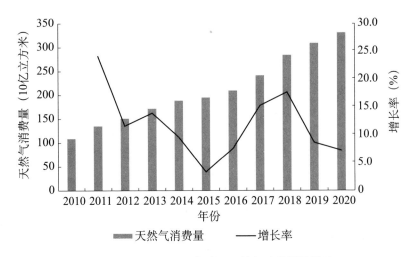

图 4-5 2010—2020 年我国天然气消费量及增速

资料来源：《BP 世界能源统计年鉴 2021》（https://www.bp.com/content/dam/bp/country-sites/zh_cn/china/home/reports/statistical-review-of-world-energy/2021/BP_Stats_2021.pdf）。

第三，水电、核电消费量持续上升。相对于火电而言，水电、核电具有清洁、高效的特点。近年来在大力发展清洁能源相关政策的推动下，我国水电、核电的消费量持续上升。从 2000 年到 2020 年，水电消费量从 2 678.87 万吨标准煤上升至 16 113.49 万吨标准煤，年均增长率为 10% 左右；核电消费量从 140.99 万吨标准煤增加到 4 475.97 万吨标准煤，年均增长率达到 20% 左右。

随着煤炭、石油消费比例的下降，以清洁能源为主的新能源的应用正逐步推进，我国能源消费结构的转型和升级表明我国正在走一条生态环境友好的绿色发展道路。

（三）能源需求产业结构以工业为重心

从产业消费结构看，中国能源消费的重心长期集中于工业领域，2019 年工业用能占比达到 66% 左右。美国更多地将能源用于交通运输业，印度的能源消费多用于工业和居住，俄罗斯和日本的能源消费较为平均。从一次能源消费结构来看，中国煤炭、油气以及其他能源消费的比例约为 62：25：13，美国为 16：69：15，日本为 27：64：9，俄罗斯为 13：74：13，印度为 57：35：8。印度和中国作为发展中国家的代表，煤炭的消费量占全部能源消费量的一半以上，俄罗斯以天然气为主要能源消费品，美国和日本则以石油为主要消费品。这与各国的能源禀赋和经济发展程度都有着密切的关系。

（四）能源需求在空间上与经济总量成正比

从能源需求的空间分布来看，山东、广东、江苏等经济总量庞大的省份其能源消费量也较高，而北京、宁夏、青海、海南的能源消费量最低（见图 4-6）。

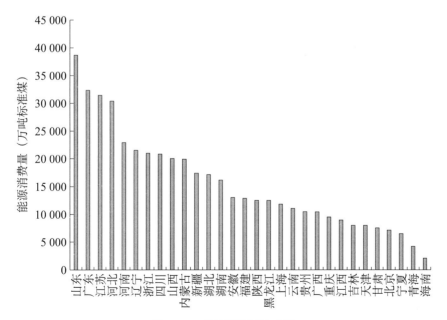

图 4-6　分地区能源消费量

资料来源：国家统计局．中国统计年鉴（2020）［M］．北京：中国统计出版社，2021.

（五）能源需求变动源于总量和结构因素

郑新业依据 LMDI 分解方法，将我国能源需求变动的原因分解为规模效应、结构效应和技术效应，分别测量了我国经济总量规模变化、产业结构变化和能源使用效率变化对能源消费变动的影响[①]。主要结论如下：尽管规模效应和结构效应对能源需求变动的影响并不稳定，呈现一定的波动，但经济总量的增长和产业结构的变化一直都是导致我国能源需求上升的最主要因素。就技术效应来说，除 2003—2005 年外，其他年份的能源强度变化都在一定程度上推动了我国能源需求的下降。

（六）能源拐点到来尚需时日

基于对我国能源需求模型的估计，可以对未来能源需求进行预测。预测结果见图 4-7，左图为未考虑时间固定效应的结果，右图则为考虑了时间固定效应的结果。从中可以明显看出，考虑高耗能行业发展速度与否对2014—2030 年的能源需求预测存在一定影响。在基准情形下，将高能耗行业发展速度趋缓纳入考虑范围后，能源消费量在考虑时间固定效应时降低了约 34.1 亿吨标准煤，在不考虑时间固定效应时降低了约 64.8 亿吨标准煤。这意味着在不考虑高耗能行业发展速度趋缓的情况下，中国能源需求预测会被显著高估 50% 以上；在低增长情形下，预测结果的差异更大。同时可发现在低增长情形下，2020—2030 年间我国会出现能源需求的拐点。

我们发现，产业结构的变动会对未来能源需求产生影响，而尤其当政府采取更强有力的手段对产业结构进行调整时，未来能源需求会发生更大

---

① 郑新业. 现代能源经济体系建设：体制改革与政策组合 [M]. 北京：科学出版社，2019：33.

程度的下降。因此，为有效防止我国能源需求不断扩张，应利用好政府"看得见的手"对产业结构进行调整，并将其作为未来能源政策选择的重要组成部分。

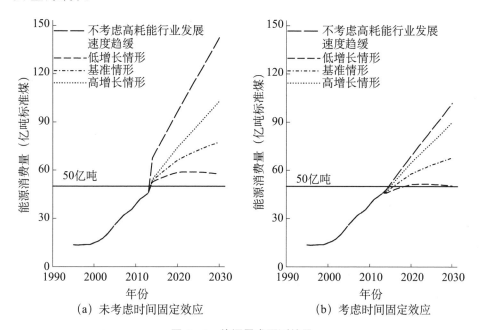

图 4-7　能源需求预测结果

三、能源价格

（一）能源价格演进历程

我国以煤炭为主的能源消费结构是由能源禀赋、技术条件以及能源价格等多种因素导致的。价格往往是引导生产和消费的第一信号，在能源领域也是如此。能源价格的变化不仅无形地调整着自身的供给与需求，而且对整个社会经济的运行起着重要的调控作用。

从名义价格的走势看，2008 年 7 月我国的煤炭价格峰值（1 000 元/吨）是其上升趋势和下降趋势的分水岭。尽管在 2013 年年底和 2015 年年初均出现了小幅反弹，但未能改变煤炭价格下滑的势头，2015年6月煤炭价格跌破400元/吨。究其原因，第一次煤炭价格大幅跳水是受2008年全球金融危机后经济低迷、全球能源品价格震荡、煤炭需求下降的影响。第二次煤炭价格下降一方面是由于国内煤炭生产过剩和煤炭进口持续增加，煤炭市场可能长期面临供过于求的局面；另一方面是由于神华集团降低其煤炭供给价格，以期在与进口煤炭的竞争中占据更多的市场份额[1]。从煤炭价格的波动看，2008年全球金融危机之前煤炭价格的走势相对平稳，除2004年11月以外价格震荡的幅度均在8%以内。2015年煤炭价格大幅下跌后，自2016年起开始新一轮上涨，此后煤炭价格的波动相对剧烈。2021年，动力煤价格创下历史新高，主要是电力需求大幅增加造成的。

我国汽油和柴油零售价格2012年之前处于波动式上升阶段，2012年至2014年油价逐渐下行，2018年至2019年油价在波动中上行。在大多数年份，汽油零售价均高于柴油零售价。

2014年之前我国居民用气与工业用气价格差基本保持稳定，且工业用气价格保持在3.25元/立方米，居民用气价格稳定在2.38元/立方米。2014—2015年，工业用气价格在经历较大幅度上升后，最终达到了3.55元/立方米。在此期间，居民用气价格也出现了轻微的上升，但仅半年左右便回落至原价格。虽然近年来国际天然气价格波动较大，欧洲频繁出现气荒现象，但我国居民与工业用气价格始终稳定。2020年各地区居民用气价格稳定在2.6元/立方米左右。

由于我国电价长期执行政府定价，因此各类用户的平均用电价格波动

---

[1] Cornot-Gandolphe S. China's coal market：can Beijing tame "king coal"？ ［R］.OIES Paper, 2014.

幅度较小。我国销售电价由三种因素共同决定，分别是用户类型、电压等级和用电时段。电价交叉补贴的存在使一般工商业电价往往高于居民用电价格。相同用户类型下，用电时段的电压等级越高，电价越低，从高到低依次为峰价、平段电价和谷价。一般工商业电价整体上相对稳定，保持在810元/千千瓦时至850元/千千瓦时之间。最稳定的是居民电价，2007—2010年居民平均用电价格稳定在470元/千千瓦时左右，2013—2020年居民平均用电价格稳定在550元/千千瓦时。2011—2013年出现了短暂电价上涨，其中一个重要原因是峰谷电价和阶梯电价制度的实施大大增加了各类用户的平均用电成本。

实际电价与相对电价

随着电气化水平的提高，电力在工商业的生产经营活动和居民日常生活中的作用越来越重要，因而电力的价格也是社会较为关注的议题。本专栏从多方面考察关于电力价格的一些重大基本事实，包括电力价格的时间变化趋势、实际增长率以及电价相对于其他商品的"购买力"。

根据历年全国电力价格情况监管通报，如图4-8所示，2009年以来，全国平均销售电价在2011年到2014年期间从0.518元/千瓦时上涨至0.647元/千瓦时，自2014年以后逐年下降，到2018年时降至0.6元/千瓦时以下。居民用电价格一直低于平均销售电价，2013年以来略有降低，2018年居民用电价格为0.533元/千瓦时。

上述电价是名义价格，名义价格的变化中既包含市场供需变化导致的实际价格变化，也包含通货膨胀因素。我们计算了自2013年以来电力价格的名义增长率，扣除当年的物价上涨因素（以消费者价格指数计算）

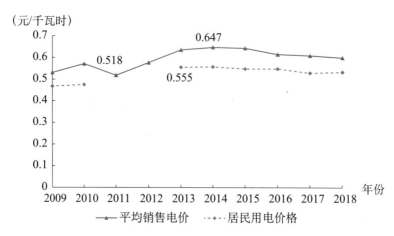

图4-8　全国平均销售电价和居民用电价格

资料来源：历年全国电力价格情况监管通报。

后，得到剔去除通货膨胀因素后的历年电力价格实际增长率（见图4-9）。扣除通货膨胀因素后的实际电价的增长率低于名义电价的增长率，自2014年以来，全国平均销售电价和居民用电价格的实际下降幅度要明显高于根据名义价格计算出的下降幅度。

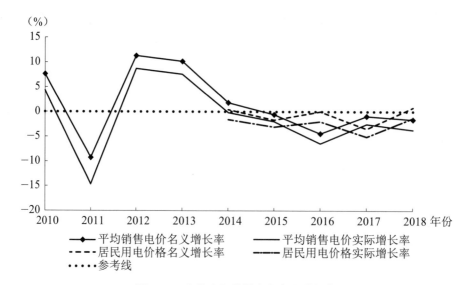

图4-9　电价实际增长率和名义增长率

　　为了进一步考察电力价格的实际变化情况，我们以北京市为例，根据北京市居民历年的用电价格和历年的米面蔬油肉蛋奶等农副产品的价格，计算购买 100 千瓦时电的资金能够买到多少农副产品，也就是电力的相对价格或者说相对购买力。

　　我们根据北京市发展和改革委员会公布的历次电价调整通知，整理了 2004 年以来北京市居民用电价格（见图 4-10）。自 2007 年以来，北京市居民用电价格一直维持在 0.488 元/千瓦时。然后，我们根据北京市发展和改革委员会公布的几类主要农副产品的超市平均价格及历年的增长率，计算了每年用购买 100 千瓦时电的资金能够购买的农副产品的数量，计算结果如图 4-11 所示。和米面蔬油肉蛋奶等农副产品相比，电力的相对价格大幅下降，2005 年时购买 100 千瓦时电的资金能够买到 41.8 斤的富强粉，而在 2019 年，购买 100 千瓦时电的资金只能买到 24.6 斤的富强粉。

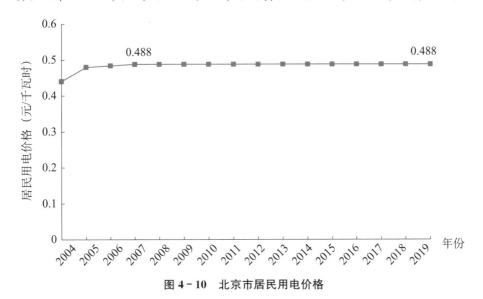

图 4-10　北京市居民用电价格

资料来源：根据北京市发展和改革委员会历次电价调整通知整理。

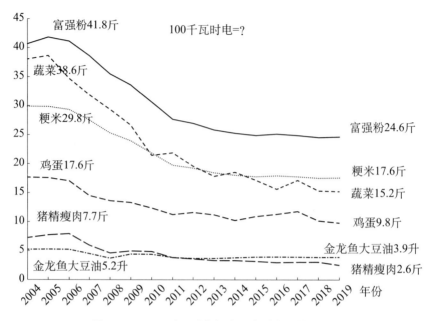

图 4-11 100 千瓦时电与主要农副产品的交换比

资料来源：北京市居民用电价格是根据北京市发展和改革委员会网站公布的电价调整通知整理；各类农副产品的价格来自北京市发展和改革委员会的价格监测数据（http：//fgw.beijing.gov.cn/）。

不论是从实际价格增长率角度看，还是从电力相对价格的角度看，中国的电价水平一直在不断地降低。

（二）能源价格和能源成本在产业间差距巨大

能源作为社会经济发展中的强约束性资源，其价格的变化牵一发而动全身，会影响到国民经济各部门的生产成本和居民的生活成本。能源价格不仅会对直接使用该能源的行业的生产成本产生影响，还会通过产业链条一直向下游传导，并从多个渠道综合影响居民的生活成本。从所有产业产品价格的影响来看，能源价格的影响在投入产出表给出的 42 个产业中处于偏高的位置。但是不同的能源类别差异较大，其中电力、原油和成品油的影响相对更大，即在所有产业中排位更靠前，而煤炭和燃气的影响则相对较小。表4-1给出了受能源价格影响较大的前5个产业。表4-2则给出了与每个产业所受影响对应的成本链长度。受能源价格影响较大的都是密集使用能源的行业，如电力、热力的生产和供应业，金属矿采选业，金属冶炼和压延加工业，非金属矿物制品业，交通运输、仓储和邮政业等。其中，煤炭价格影响相对较小，成本链条较长；原油和天然气价格影响较大，主要通过成品油传导；成品油对应的成本链较短；电力价格变化对各产业的价格影响较大，成本链较短；燃气价格变化影响较小。

表4-1　能源价格对不同产业的影响

能源品种	成本影响	
	行业	数值
煤炭	电力、热力的生产和供应业	0.079 6
	金属矿采选业	0.046 3
	其他制造业	0.032 9
	非金属矿物制品业	0.030 5
	纺织业	0.017 3
	平均	0.012 5
原油、天然气	石油、炼焦和核燃料加工业	0.701 5
	燃气生产和供应业	0.699 4
	交通运输、仓储和邮政业	0.189 1
	非金属矿物制品业	0.100 4
	金属矿采选业	0.090 9
	平均	0.085 8
成品油	交通运输、仓储和邮政业	0.255 7
	非金属矿物制品业	0.122 2
	金属矿采选业	0.107 9
	煤炭采选业	0.105 6
	非金属矿和其他矿采选业	0.098 6
	平均	0.059 6

续表

能源品种	成本影响	
	行业	数值
电力	金属矿采选业	0.155 1
	水的生产和供应业	0.136 7
	金属冶炼和压延加工业	0.100 4
	金属制品业	0.096 4
	纺织业	0.090 3
	平均	0.059 1
燃气	电力、热力的生产和供应业	0.078 5
	金属冶炼和压延加工业	0.046 9
	金属制品业	0.033 8
	住宿和餐饮业	0.030 0
	金属矿采选业	0.023 3
	平均	0.017 0

表 4 - 2 受影响产业成本链长度

能源品种	APL	
	行业	数值
煤炭	电力、热力的生产和供应业	3.53
	金属矿采选业	3.04
	其他制造业	2.55
	非金属矿物制品业	2.71
	纺织业	4.60
	平均	5.11
原油、天然气	石油、炼焦和核燃料加工业	1.17
	燃气生产和供应业	1.10
	交通运输、仓储和邮政业	2.87
	非金属矿物制品业	4.19
	金属矿采选业	4.82
	平均	5.25

续表

能源品种	APL	
	行业	数值
成品油	交通运输、仓储和邮政业	1.63
	非金属矿物制品业	2.83
	金属矿采选业	3.41
	煤炭采选业	8.53
	非金属矿和其他矿采选业	2.09
	平均	4.23
电力	金属矿采选业	2.47
	水的生产和供应业	1.84
	金属冶炼和压延加工业	4.42
	金属制品业	4.00
	纺织业	3.25
	平均	3.47
燃气	电力、热力的生产和供应业	3.73
	金属冶炼和压延加工业	4.55
	金属制品业	5.19
	住宿和餐饮业	2.62
	金属矿采选业	5.17
	平均	5.13

注：APL表示达到完全价格影响所需要的成本链的平均长度，其数值越小，所需成本链越短，越容易达到。

四、能源贸易

（一）能源缺口扩大，进口依存度上升

能源生产和消费增长速度的差异造成我国从改革开放之初能源自给自足的国家逐步发展成为能源生产-消费缺口巨大的国家（见图4-12）。我国的能源生产-消费缺口既是我国快速增长的能源需求导致的，也和我国

能源禀赋较为贫乏相关。从图 4-13 中可以看出，2019 年我国原油的对外依存度最高，达到 73% 左右；煤的对外依存度较低，在 10% 以下；天然气对外依存度在 43% 左右。

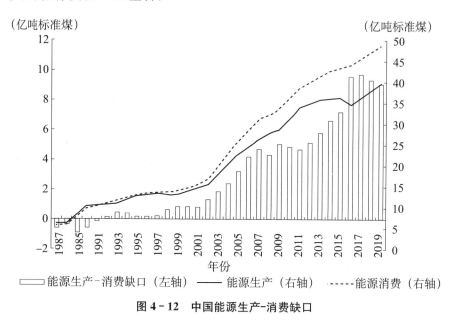

图 4-12 中国能源生产-消费缺口

资料来源：国家统计局能源统计司．中国能源统计年鉴（2020）［M］．北京：中国统计出版社，2021.

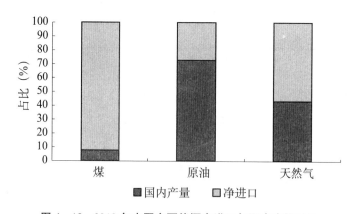

图 4-13 2019 年中国主要能源净进口与国内产量对比

资料来源：国家统计局能源统计司．中国能源统计年鉴（2020）［M］．北京：中国统计出版社，2021；部分数据来源于国际能源署网站（https://www.iea.org/）。

持续扩大的能源供需缺口导致中国对能源进口的依赖度很高，且有持续上升的趋势。为了弥补能源缺口、满足能源需求、保障能源安全，我国在拓展能源进口渠道方面取得了巨大成就，发展了许多新的能源贸易伙伴，拓展了进口来源，扩大了进口规模。

（二）能源对外投资稳步发展

除了拓展能源进口渠道之外，我国还积极推动企业"走出去"，在海外进行能源投资、开采、开发等活动。从 2004 年到 2015 年，中国能源类投资占投资总额的 47%，投资项目 164 个，占对外投资项目总数的 30%[①]。根据波士顿大学全球发展政策研究中心的数据，2000—2019 年中国政策性银行的全球能源贷款累计规模达到 2 514 亿美元。

从投资结构看，我国能源企业的海外投资领域逐渐从传统化石能源向风力潮汐发电等新兴行业延伸，但油气仍是我国主要的投资领域。中国政策性银行对海外石油的投资规模达到了 880 亿美元，对天然气的投资虽起步较晚，规模也达到了 380 亿美元。中国对煤炭和水电的海外投资规模分别为 503 亿美元和 436 亿美元，与油气对外依存度高的原因不同，中国对这两个领域的投资主要是为了获取投资回报。在风、光等替代能源方面，中国海外投资规模仅有 52 亿美元，但发展前景较为广阔。

总体来说，中国能源对外投资在近几年发展迅速，企业规模也在不断扩大，中国正日益成为全球能源市场上一支举足轻重的力量。在"一带一路"倡议的支持下，能源投资在未来仍然是我国对外直接投资的重点，发

---

① 段宇平，吴昊．中国全球能源投资分析［J］．中外能源，2015（3）：9-15．

展前景广阔。

五、能源政策体系

（一）能源市场化体制基本建立

中国能源革命[①]的一个重要方面是推动能源体制革命，市场化改革始终是贯穿其中的主线。形成由市场主导的能源价格机制，是还原能源的商品属性和推进能源市场化改革的核心。新一轮价格机制改革在坚持充分发挥市场决定价格的作用，政府不进行不当干预的原则下，提出加快推进电力、天然气、成品油等能源价格的市场化改革[②]。总体而言，我国能源市场已经初步建立。

目前，煤炭行业已经实现了完全市场化。如表 4 - 3 所示，自 1949 年成立燃料工业部并在其下设立煤炭管理总局开始，我国煤炭行业经历了政府管制阶段（1949—1983 年）、双轨制阶段（1983—2002 年）、初步市场化阶段（2002—2012 年）、完全市场化阶段（2012—2016 年）和宏观调控阶段（2016 年以来）。2012 年国务院发布《关于深化电煤市场化改革的指导意见》，提出"自 2013 年起，取消重点合同，取消电煤价格双轨制"，"完善煤电价格联动机制"，"推进电力市场化改革等重点任务"[③]，标志着我国煤炭行业进入完全市场化阶段。而随着煤炭行业"黄金十年"大规模固定资产投资形成的产能陆续释放，2012 年煤炭市场供大于求问题凸显，市场秩

---

① 习近平：积极推动我国能源生产和消费革命［EB/OL］.（2014 - 06 - 13）［2020 - 03 - 24］. http：//news. xinhuanet. com/politics/2014 - 06/13/c _ 1111139161. htm.

② 中共中央国务院关于推进价格机制改革的若干意见［EB/OL］.（2015 - 10 - 15）［2020 - 07 - 13］. http：//www. gov. cn/xinwen/2015 - 10/15/content _ 2947548. htm.

③ 国务院办公厅关于深化电煤市场化改革的指导意见［EB/OL］.（2012 - 12 - 25）［2020 - 08 - 18］. http：//www. gov. cn/zwgk/2012 - 12/25/content _ 2298187. htm.

序混乱，部分企业采取"以量补价、超产补亏"的经营策略，加剧了供求关系失衡态势，煤炭价格持续大幅下滑。2016 年，国务院出台《关于煤炭行业化解过剩产能实现脱困发展的意见》，确定了一系列化解过剩产能措施，如严格控制新增产能、严格治理不安全生产、严格控制超能力生产等。在宏观调控下，煤炭稳定供应能力显著增强，市场交易体系逐步完善，形成良性竞争的格局[①]。

表 4-3　煤炭领域市场化体制改革进程

改革进程	时间	内容
政府管制	1949—1983 年	煤炭统购统销
双轨制	1983—2002 年	1983 年煤炭工业部连续发布《关于加快发展小煤矿八项措施的报告》、《关于进一步放宽政策、放手发展地方煤矿的通知》和《关于积极支持群众办矿的通知》，鼓励非国有煤矿的发展； 1983—1985 年中央逐步放松对未纳入计划的煤炭的销售价格管制； 1985 年双轨制价格体系形成，计划价格和市场价格双重机制并存； 1996 年恢复电煤的国家指导价格
初步市场化	2002—2012 年	2002 年取消电煤国家指导价格； 2004—2008 年 4 次煤电价格联动
完全市场化	2012—2016 年	2012 年出台《关于深化电煤市场化改革的指导意见》，取消重点合同，取消电煤价格双轨制，提出完善煤电价格联动机制，推进电力市场化改革等重点任务； 2014 年国家发展改革委印发《关于深入推进煤炭交易市场体系建设的指导意见》，引导和规范煤炭交易市场建设，推动形成与我国社会主义市场经济体制相适应的统一开放、竞争有序的煤炭交易市场体系
宏观调控	2016 年以来	国务院出台《关于煤炭行业化解过剩产能实现脱困发展的意见》，确定了一系列化解过剩产能措施

---

① 王震. 改革开放 40 年煤炭市场发展历程与成就 [J]. 煤炭经济研究，2018，38（11）：17-22.

电力和天然气领域"管住中间、放开两头"的改革取得了初步的进展。自 1955 年成立电力工业部起，电力的发、输、配均由国家所有，并通过行政性命令直接控制。1997—1998 年开始实行政企分开，撤销电力工业部，成立国家电力公司，承接和管理原电力工业部下属五大区域集团公司、七个省公司和华能与葛洲坝两大直属集团。2002 年国务院发布《关于印发电力体制改革方案的通知》（5 号文），针对国家电力公司提出了电力体制改革四大目标——厂网分开、主辅分离、输配分离、竞价上网。2003年国家成立独立监管机构国家电力监管委员会，开始履行电力市场监管者的职责，实现政监分开。此后，国家又陆续实行了煤电联动、华电上网标杆电价、居民阶梯电价等多项电价改革。2015 年起，经过 5 号文这一轮电改的探索，我国电力行业真正迈出了市场化改革的第一步。2015 年中共中央、国务院发布《关于进一步深化电力体制改革的若干意见》（9号文），同年国家发展改革委和国家能源局发布了 9 号文的六个配套文件[1]。9 号文及其配套文件要求按照"管住中间、放开两头"的体制构架，发电和售电环节价格由市场形成；输配电价要逐步过渡到按"准许成本加合理收益"原则，分电压等级核定。总体来说，9 号文肯定了 5 号文电改的工作方向和路径，并在其基础上进行更大力度、更深层次的改革（见表 4-4）。2015—2020 年，新一轮电改走向持续纵深阶段。电力市场化交易规模不断扩大，输配电价改革实现全覆盖，初步建立了科学规范透明的电网输配电价监管框架体系，通过电网成本监审和输配电价核

---

① 《关于推进输配电价改革的实施意见》《关于推进电力市场建设的实施意见》《关于电力交易机构组建和规范运行的实施意见》《关于有序放开发用电计划的实施意见》《关于推进售电侧改革的实施意见》《关于加强和规范燃煤自备电厂监督管理的指导意见》。

定，逐步建立起了独立的省级电网和区域电网输配电价体系。各电力市场试点单位交易机构组建工作基本完成，为电力市场化交易搭建了公平规范的交易平台，交易规则和交易机制逐步完善，交易品种逐步丰富，市场主体参与意识逐步增强，增量配电改革试点分批推进，售电公司雨后春笋般涌现，省级电网输配电价改革基本完成。全国绝大多数省份在电力市场建设上都取得了突破。

表 4-4　电力体制改革历程

改革进程	时间	内容
政企合一	1949—1985 年	电力行业发电、输配、售电一体化，实行指令性电价，改革开放后部分实行季节电价和峰谷电价
发电侧打破垄断鼓励集资办电	1985 年	《国务院批转〈关于鼓励集资办电和实行多种电价的暂行规定〉的通知》
政企分开垂直一体化	1997—2002 年	1997 年国家电力公司成立；1998 年电力工业部撤销，行政管理职能划归国家经贸委，行业管理职能划归中国电力企业联合会，政企分开；但企业仍然实行垂直一体化经营
重组和拆分阶段	2002—2015 年	2002 年 4 月国务院发布《电力体制改革方案》，明确了电力体制改革四大目标——厂网分开、主辅分离、输配分离、竞价上网； 2002 年 12 月国家电力公司按"厂网分开"原则拆分重组，形成两大电网公司、五大发电集团和四大电力辅业集团； 2003 年 3 月国家电力监管委员会成立； 2003 年 7 月至 2006 年 6 月，进行多项电价改革； 2011 年 9 月中国电力建设集团有限公司、中国能源建设集团有限公司成立，并与国家电网、南方电网签订了分离企业整体划转移交协议，实现电力行业主辅分离； 2011 年 11 月国家电力监管委员会发布《输配电成本监管暂行办法》

续表

改革进程	时间	内容
电力市场建设阶段	2015 年至今	2015 年 3 月中共中央、国务院发布《关于进一步深化电力体制改革的若干意见》，在进一步完善政企分开、厂网分开、主辅分开的基础上，按照"管住中间、放开两头"的体制构架，有序放开输配以外的竞争性环节电价，有序向社会资本放开配售电业务，有序放开公益性和调节性以外的发用电计划； 2015 年 11 月国家发展改革委与国家能源局发布 9 号文的 6 个配套文件； 2017—2019 年，改革走向持续纵深阶段，发用电计划放开、电力现货市场试点、电价竞争机制等陆续落地并不断完善

我国对天然气进行定价始于 1956 年，国家以成本加成定价为原则统一天然气出厂价。1993 年开始实行企业自销天然气价格政策，1994 年规定了企业自销天然气价格中准价，允许在中准价基础上上下浮动 10%，从而进入国家定价与政府指导价并存阶段。2005—2016 年，国家发展改革委将天然气统一定价改为政府指导定价。2016 年 10 月 9 日，国家发展改革委印发《天然气管道运输价格管理办法（试行）》和《天然气管道运输定价成本监审办法（试行）》，强调放开气源和销售价格由市场形成，政府只对管网输配价格进行监管。至此，天然气领域"管住中间、放开两头"的格局初步建立。按照党中央、国务院关于深化石油天然气体制改革的要求，2020 年 10 月 1 日，国家石油天然气管网集团有限公司（以下简称"国家管网集团"）完成资产交割正式并网运营，跨省天然气管道由此前多家企业分散经营转为以国家管网集团统一运营为主，"全国一张网"初步形成，油气管网运营机制改革取得重大进展，国内天然气市场结构发生较大变化。为适应市场情况的变化和新形势的要求，更好地推动天然气行业高质量发展，国务院 2021 年 6 月制定出台了《天然气管道运输价格管理

办法（暂行）》《天然气管道运输定价成本监审办法（暂行）》，以构建"X＋1＋X"的天然气市场格局[①]。天然气定价机制改革历程见表4-5。

表4-5 天然气定价机制改革历程

定价方式	时间	内容
国家定价	1956—1993年	以成本加成定价为基本原则，根据天然气成本加上合理利润，同时兼顾用户承受能力，由政府部门定价。终端门站价格由出厂价格、管道运输价格和地方输配价格组成，其中出厂价格、管道运输价格由国家发展改革委制定，地方输配价格由地方发展改革委制定
国家定价与政府指导价并存	1993年	实行企业自销天然气价格政策
	1994年	规定企业自销天然气价格中准价，允许在中准价基础上上下浮动10％
政府指导价	2005年12月	国家发展改革委发布《关于改革天然气出厂价格形成机制及近期适当提高天然气出厂价格的通知》，确立了国家调控下的成本加成定价机制
	2007年	国家发展改革委发布《关于调整天然气价格有关问题的通知》，放开供LNG生产企业的天然气出厂价格，由供用双方协商确定
	2010年6月	国家发展改革委发布《关于提高国产陆上天然气出厂基准价格的通知》，取消价格"双轨制"
	2013年6月	国家发展改革委发布《关于调整天然气价格的通知》
	2014年3月	国家发展改革委发布《关于建立健全居民生活用气阶梯价格制度的指导意见》，居民用气实施阶梯价格制度
	2015年2月	国家发展改革委发布《关于理顺非居民用存量天然气价格的通知》
	2015年11月	国家发展改革委发布《关于降低非居民用天然气门站价格并进一步推进价格市场化改革的通知》，将非居民用气由最高门站价格管理改为基准门站价格管理，允许供需双方在"基准门站价"基础上上浮20％，下浮不限

---

① 随着市场活力的增强、管网的互联互通及公平开放，更多市场主体将积极参与天然气产供储销体系建设，这有利于形成不同气源间的"气气竞争"，促进上游供气主体和下游销售主体进一步多元化，推动形成上游油气资源多主体多渠道供应、中间统一管网高效集输、下游销售市场充分竞争的"X＋1＋X"的天然气市场格局。

续表

定价方式	时间	内容
政府指导价	2016年10月	国家发展改革委发布《天然气管理运输价格管理办法（试行）》《天然气管道运输定价成本监审办法（试行）》，提出长输管道成本核算办法，规定准许收益率按管道负荷率（实际输气量除以设计输气能力）不低于75%取得税后全投资收益率8%的原则确定
	2017年5月	中共中央、国务院发布《关于深化石油天然气体制改革的若干意见》，明确了深化石油天然气体制改革的指导思想、基本原则、总体思路和主要任务
	2021年6月	国家发展改革委印发《天然气管道运输价格管理办法（暂行）》和《天然气管道运输定价成本监审办法（暂行）》，明确了跨省天然气管道运输价格的定价原则、定价方法和定价程序。《天然气管道运输价格管理办法（暂行）》要求按照"准许成本加合理收益"的原则制定跨省天然气管道运输价格，实行"一区一价"，并对准许收益率实行动态调整。《天然气管道运输定价成本监审办法（暂行）》要求明确定价成本构成范围和成本核定方法

　　成品油价格市场化方向初步明确。1998年之前国家统一调整成品油价格，1998年在中国石油天然气集团公司（中石油）与中国石油化工集团公司（中石化）组建后，国家发展计划委员会发布《关于印发〈原油成品油价格改革方案〉的通知》，规定汽油、柴油零售价格由政府定价改为政府指导价，由国家发展计划委员会按进口完税成本为基础加国内合理流通费用确定零售中准价，由两个集团公司在上下5%的幅度内制定具体零售价格。2000—2006年间，国内成品油价格参照市场由最初的新加坡逐渐扩展到新加坡、鹿特丹、纽约三地。2006年起，国家发展改革委进行石油价格综合改革，成品油定价机制改为"在国际市场原油价格的基础上加上合理成本和适当利润"，开始逐渐与国际市场有控制地间接接轨。从2013年开始市场化改革方向初步明确。2013年，国家发展改革委出台了《关于进一步完善成品油价格形成机制的通知》，在调价周期、调价幅度、挂靠品种

和价格调控程序四方面进行了改革。2016 年 1 月 13 日，为缓解油价大幅下跌对国内市场的影响，保障国内能源长期安全，国家发展改革委对成品油价格机制进行了完善，设置了 40 美元每桶的调控下限并设立了油价调控风险准备金。以上改革历程表明成品油定价在逐渐趋向市场化，调价周期逐渐缩短，挂靠油种的代表性进一步增强，国家发展改革委也不再利用行政手段干预根据国际原油价格测算出来的成品油价格。2019 年 11 月，国家发展改革委网站发布《中央定价目录》（修订征求意见稿），公开征求社会意见。其中提到，成品油价格暂按现行价格形成机制，根据国际市场油价变化适时调整，将视体制改革进程全面放开由市场形成。该表述为成品油价格全面放开确定了一个基本前提。成品油定价机制改革历程见表 4-6。

表 4-6　成品油定价机制改革历程

定价方式	时间	内容
国家定价	1998 年之前	国家统一调整成品油价格
政府指导价	1998 年 6 月	国家发展计划委员会发布《关于印发〈原油成品油价格改革方案〉的通知》，汽油、柴油以政府指导价为基准，由国家发展计划委员会按进口完税成本为基础加国内合理流通费用确定零售中准价，中石油、中石化在上下浮动 5% 的幅度内自主定价
	2001 年 11 月	调整成品油价格靠挂油种，参照市场由新加坡拓展到新加坡、鹿特丹、纽约（6：3：1）三地。当国际油价上下波动幅度在 5%～8% 的范围内时保持油价不变，超过这一范围时由国家发展改革委调整零售中准价
	2006 年 3 月	国内成品油价格实行政府指导价，零售基准价以出厂价格为基础，加流通环节差价确定，并允许企业在此基础上上下浮动 8% 确定具体零售价格
	2007 年 2 月	调整成品油价格靠挂油种，取布伦特、迪拜、米纳斯三地原油现货价格的加权平均值（4：3：3）；当国际市场原油连续 22 个工作日移动平均价格变化超过 4% 时，相应调整国内成品油价格

续表

定价方式	时间	内容
最高零售限价	2008 年 12 月	国务院发布《关于实施成品油价格和税费改革的通知》，汽油、柴油零售实行最高零售价格
	2009 年 5 月	国家发展改革委发布《关于印发〈石油价格管理办法（试行）〉的通知》，印发《石油价格管理办法（试行）》
	2013 年 3 月	国家发展改革委发布《关于进一步完善成品油价格形成机制的通知》，调整国内成品油价格挂靠油种，缩短成品油调价周期，汽油、柴油价格根据国际市场原油价格变化每 10 个工作日调整一次
	2016 年 1 月	国家发展改革委发布《关于进一步完善成品油价格形成机制有关问题的通知》，调整成品油价格调控下限，印发《石油价格管理办法》
	2019 年 11 月	国家发展改革委网站发布《中央定价目录》（修订征求意见稿），公开征求社会意见。其中提到，成品油价格暂按现行价格形成机制，根据国际市场油价变化适时调整，将视体制改革进程全面放开由市场形成

（二）能源监管多层面覆盖

总体而言，我国已经初步建立了多部门合作的能源监管体系（见图 4-14）。在自然垄断领域，国家发展改革委价格司实施成本审查，制定政府指导价，规范垄断利润。在电力市场等竞争性市场中，国家发展改革委价格监督检查与反垄断局主要组织市场价格行为监督工作，以及负责反价格垄断执法工作，调查、认定和处理重大的价格垄断行为和案件。同时，国家能源局市场监管司及各区域监管局、省级监管办公室，主要监管能源市场运行，规范能源市场秩序，监督检查能源价格。

1. 煤炭市场

虽然煤炭市场整体实现了市场化，但是由于近年来煤炭行业产能过剩

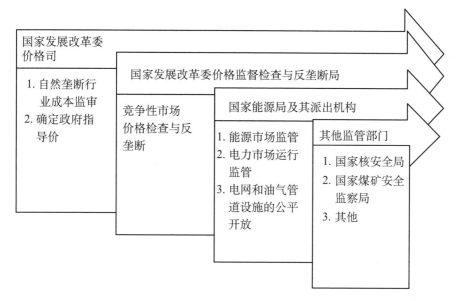

图 4 - 14 国家能源监管体系

资料来源：国家部委网站。

严重、行业亏损面大、资金链紧张、人员安置困难，政府加强了对煤炭行业的管理。除国家能源局煤炭司负责淘汰煤炭落后产能、国家煤矿安全监察局负责煤矿安全监察执法等生产安全管理外，国家针对煤炭行业产能过剩问题，还制定了一系列政策。2016 年 2 月，国发 7 号文《关于煤炭行业化解过剩产能实现脱困发展的意见》提出市场倒逼与政府支持相结合、化解产能与转型升级相结合、整体推进与重点突破相结合的基本原则，着眼于推动煤炭行业供给侧结构性改革，积极稳妥化解过剩产能。具体来说，国家能源局牵头开展煤矿产能登记工作，并每半年向全社会公布全国煤炭生产能力情况；严格控制超能力生产，引导企业实行减量化生产，从 2016 年开始，按全年作业时间不超过 276 个工作日确定煤矿产能。

2. 电力市场

2015 年中发 9 号文明确了"管住中间、放开两头"的电力体制改革思路，强调要有序推进电价改革，理顺电价形成机制。"管住中间"，即对自然垄断的输配电行业进行监管，主要由国家发展改革委价格司承担。2015年 6 月 9 日，国家发展改革委和国家能源局印发《输配电定价成本监审办法（试行）》。经过电力体制改革，我国逐步打破了电网企业原有的"独买、独卖"模式，目前通过采取收益率管制的方法，限制电网企业的利润率。"放开两头"指的是放开发电侧和售电侧市场，建设电力市场。在售电侧，2015 年的《关于推进售电侧改革的实施意见》明确指出向社会资本开放售电业务，多途径培育售电侧市场竞争主体。截至 2021 年 1 月底，国网区域公示通过的售电公司数量超过 3 800 家，南方五个省份售电公司数量总计有 890 家。在发电侧，有序缩减发电计划，开展发电企业与用户直接交易。目前我国已成立国家级和省级电力交易中心，发电企业、售电企业、电力用户等可在市场交易平台进行电力交易。

3. 成品油市场

目前我国成品油市场竞争充分，但成品油价格受到政府监管。根据国家发展改革委 2016 年的《关于进一步完善成品油价格形成机制有关问题的通知》及《石油价格管理办法》，我国汽油、柴油零售价格和批发价格实行政府指导价，向国家储备和新疆生产建设兵团供应汽油、柴油，实行政府定价。汽油、柴油最高零售价格以国际市场原油价格为基础，考虑国内平均加工成本、税金、合理流通环节费用和适当利润确定；并按照国际市场原油价格低于每桶 40 美元（含）、高于每桶 40 美元低于 80 美元（含）以及高于每桶 80 美元三档采取不同的定价模式，每 10 个工作日调整一次，调价幅度较低时累加或冲抵到下次。在汽油、柴油最高零售价格的基础上，规定汽油、柴油最高批发价格。汽油、柴油最高零售价格实际上是一种价格上限管制政策。

4. 天然气市场

目前我国对国产陆上天然气实施国家管制定价，生产、管输、配送三个环节均实行国家指导价，定价模式采用市场净回值法。出厂价、管输价、门站价由国家发展改革委管理，配气价由省级物价主管部门管理[①]。

由于产业组织相似，天然气价格改革同样以"管住中间、放开两头"为目标，仿效针对自然垄断型电网企业进行的输配电价改革。依据国家发展改革委 2017 年发布的《关于加强配气价格监管的指导意见》，天然气准许收益率不超过 7％。2021 年，依据国家发展改革委《天然气管道运输价格管理办法（暂行）》和《天然气管道运输定价成本监审办法（暂行）》，我国已完成长输天然气管道运输定价成本监审，力争加快形成"全国一张网"，构建"X＋1＋X"的天然气市场格局。

（三）能源社会政策取得一定成效

1. 电力普遍服务消灭无电人口

电力普遍服务是我国政府选择实施的社会政策，它指的是由国家制定政策，由电力经营企业具体实施，确保所有用户都能以可承受的价格获得可靠、持续的基本电力服务。电改 9 号文要求完善政府公益性调节性服务功能，以确保居民、农业、重要公用事业和公益性服务等用电，加强老少

---

① 张前荣. 推进天然气定价机制改革的国际经验及政策建议［J］. 中国物价，2016（4）：27 - 30.

边穷地区电力供应保障，确保无电人口用电全覆盖。除此之外，还要求提高电力供应的安全可靠水平，有效保障供需紧张下居民等重点用电需求不受影响。

普遍服务政策的维持需要付出一定的成本和代价。我国的电力普遍服务主要由各省（区、市）电力公司，即省级电网企业承担，电网企业确实在其中投入了大量的人力、物力、财力。目前我国主要是通过电价交叉补贴这种形式，向部分用户（如工商业用户）收取较高电价补贴另一部分用户（如居民），来维持电力的普遍服务。此外，党中央、国务院特设专项资金，共安排投资 247.8 亿元，采用电网延伸和可再生能源独立供电等多种方式，成功在"十二五"期间，全面解决了我国无电人口的用电问题。

2. 电价交叉补贴保障居民用电

目前我国主要采用电价交叉补贴的形式来实施电力普遍服务，具体包括工业与居民、城市居民与农村居民、高电压等级用户与低电压等级用户之间的多种交叉补贴，并由电网企业在电价中直接补贴和结算。现行的交叉补贴政策以城市用户补贴农村用户，以一般工商业用户补贴居民用户，与供电成本相悖。2015 年 3 月，中共中央、国务院发布电改 9 号文，将妥善处理交叉补贴作为重点任务，要求结合电价改革进程，配套改革不同种类电价之间的交叉补贴，规定在过渡期间，由电网企业申报现有各类用户电价间交叉补贴数额，通过输配电价回收。这意味着交叉补贴的实施形式发生了变化。这种新形式更有利于实现交叉补贴成本的明晰化。除此之外，为了核定电网企业准许总收入和分电压等级输配电价，电改配套文件《关于推进输配电价改革的实施意见》也提出要测算交叉补贴数额，分类推进交叉补贴改革，逐步减少工商业内部交叉补贴，妥善处理居民、农业用户交叉补贴，鼓励采取多种措施保障交叉补贴资金来源。2015 年 10 月，中共中央、国务院发布《关于推进价格机制改革的若干意见》，要求加快推进能源价格市场化，并提出要稳妥处理和逐步减少交叉补贴，还原电力商品属性。

（四）能源环境气候政策打下基础

在过去数十年的发展中，我国环境污染问题愈加凸显，治理环境污染成为政府工作的核心目标之一。然而，长期以来我国缺乏环境税、资源税、碳市场等治理环境污染的财政工具。在企业与政府的博弈中，政府往往难以完全遏制企业的非法排污行为。在环境污染严重，可能引发社会问题的情况下，政府以行政命令规制污染问题，带来较大的经济成本；在环境污染程度较低的时候，政府则以降低环境标准为手段招商引资。这种做法导致我国环境污染问题呈现恶化的趋势。近年来，随着环境恶化和气候变化带来的国际国内压力的加大，我国在推进环境治理和温室气体减排方面做出了大量努力。

1. 环境质量标准提升

2012 年环保部对《环境空气质量标准》进行了第三次修订，调整环境空气功能区分类和污染物项目及限值，收严监测数据统计的有效性规定，将有效数据要求由 50%～75% 提高至 75%～90%。《环境空气质量标准》将 PM2.5 一级年平均浓度限值定为 15 微克/立方米，二级年平均浓度限值定为 35 微克/立方米，将臭氧 8 小时平均浓度限值定为 100 微克/立方米。2013 年 9 月 10 日、2015 年 4 月 2 日、2016 年 5 月 28 日国务院分别出台了《大气污染防治行动计划》、《水污染防治行动计划》和《土壤污染防治行动计划》，简称"气十条"、"水十条"和"土十条"。"气十条"在加快产业结构调整方面明确规定，要严格控制钢铁、水泥等落后产能行业的淘汰任务，到2017年，全国煤炭占能源消费总量的比重需降低到65%以下，京津冀、长三角、珠三角的煤炭消费量要力争实现负增长。相比大气和水污染，土壤污染具有隐蔽性，防治工作起步较晚。"土十条"的目标是，到2020年，受污染耕地安全利用率达到90%，污染地块安全利用率达到90%以上，淘汰涉重金属重点行业落后产能，重点行业的重点重金属排放量要比2013年下降10%。

"十三五"期间，我国决胜全面建成小康社会取得决定性成就，生态文明建设发生历史性、转折性、全局性变化。"十三五"规划纲要确定的9项约束性指标和污染防治攻坚战阶段性目标任务超额完成。2015—2020年，全国地表水优良水质断面比例由64.5%上升到83.4%，劣Ⅴ类断面比例由8.8%降至0.6%；细颗粒物（PM2.5）平均浓度降至33微克/立方米；全国337个地级及以上城市年均空气质量优良天数比例升至87.0%。2020年，党的十九届五中全会发布《中共中央关于制定国民经济和社会发展第十四个五年规划和二〇三五年远景目标的建议》，明确了"十四五"时期"生态文明建设实现新进步"的主要目标：国土空间开发保护格局得到优化，生产生活方式绿色转型取得显著成效，能源资源配置更加合理、利用效率大幅提高，主要污染物排放总量持续减少，生态环境持续改善，生态安全屏障更加牢固，城乡人居环境明显改善。

2. 设立能源财税政策

自1994年《中华人民共和国资源税暂行条例》发布以来，资源税就一直发挥着鼓励资源节约和保护环境的作用，资源税的征收范围包括原油、天然气、煤炭、其他非金属矿原矿、黑色金属矿原矿、有色金属矿原矿和盐等。2016年5月9日，财政部和国家税务总局发布《关于全面推进资源税改革的通知》，将资源税征收范围扩大到了水资源，并允许各省（区、市）根据自身情况对其他自然资源提出征收资源税的具体方案建议。

为抑制资源类产品的生产和出口，我国对汽油、柴油、石脑油、溶剂油、航空煤油、润滑油、燃料油等七种成品油征收成品油消费税，在2014—2015年间，我国不断上调成品油消费税标准。成品油消费税可以减少对成品油的需求，从而减少成品油消费引起的污染物排放。为了加大征管力度，国家税务总局颁布《关于成品油消费税征收管理有关问题的公告》并于2018年3月1日起实施，要求成品油发票全部通过增值税系统开具。这一项做法可以将增值税上下游约束强、不重复课税、征管难度低等特点融入消费税的征管之中，减少成品油偷税漏税的情况。在出口方面，2006年9月14日，《关于调整部分商品出口退税率和增补加工贸易禁止类商品目录的通知》发布，调整部分商品出口退税率，限制"两高一资"产品①出口，对锡、锌、煤炭部分资源类产品取消出口退税。2010年6月22日，财政部和国家税务总局联合下发《关于取消部分商品出口退税的通知》，明确从当年7月15日开始，取消包括部分钢材、有色金属建材等在内的406个税号的商品的出口退税。

为应对气候变化、减少碳排放，我国还大力鼓励新能源和可再生能源的发展。2012年3月，财政部、国家发展改革委、国家能源局联合印发了《可再生能源电价附加补助资金管理暂行办法》。在核电和光伏发电等新能

---

① "两高一资"产品是指高耗能、高污染和资源性产品。

源使用方面，2008 年 4 月，国家出台了《关于核电行业税收政策有关问题的通知》，规定核力发电企业生产销售电力产品，自核电机组正式商业投产次月起 15 个年度内，统一实行增值税先征后退政策，返还比例分三个阶段逐级递减。2016 年 7 月 25 日，财政部和国家税务总局发布《关于继续执行光伏发电增值税政策的通知》，规定自 2016 年 1 月 1 日至 2018 年 12 月 31 日，对纳税人销售自产的利用太阳能生产的电力产品，实行增值税即征即退 50％的政策。除此之外，我国还从车辆购置税和车船税、企业所得税、增值税等方面鼓励节能企业和新能源的发展，减少污染物排放。

为减少污染物排放，2003 年 1 月 2 日，我国发布《排污费征收使用管理条例》对污染环境的行为予以管理和规制。2014 年 9 月 1 日，国家发展改革委、财政部和环境保护部联合印发《关于调整排污费征收标准等有关问题的通知》，强调要加强污染物在线监测，提高排污费收缴率，要求将废气中的二氧化硫和氮氧化物排污费征收标准调整至不低于每污染当量 1.2 元，将污水中的化学需氧量、氨氮及铅、汞、铬、镉和类金属砷五项主要重金属排污费征收标准调整至不低于每污染当量 1.4 元。环境保护部按季度公布《国家重点监控企业排污费征收公告》。2016 年 12 月 15 日，全国人大正式通过《中华人民共和国环境保护税法》，确定了我国的环境保护税征收规则，并于 2018 年正式征收。环境保护税取代了实行了 15 年的排污费，将对环境污染行为的规制从过去的行政收费转向法定税收，征管强度大幅提高。环境保护税的设立提升了政府在环保方面的财政收入，进一步抑制了企业和居民的污染行为，有利于防止政府随意性收费，加大了征收力度，提升了政府治理环境污染的能力。

在碳排放方面，2011 年，国家发展改革委办公厅出台《关于开展碳排放权交易试点工作的通知》，确定了北京、天津、上海、重庆、湖北、广东及深圳为 7 个碳排放交易试点地区。2013 年，试点碳排放交易正式启动。2017 年 12 月 19 日，全国碳排放交易体系正式启动，标志着我国碳市场正式建立。2021 年，中共中央、国务院印发《关于完整准确全面贯彻新发展理念做好碳达峰碳中和工作的意见》，提出了四大要求，即各级财政要加大对绿色低碳产业发展、技术研发等的支持力度；完善政府绿色采购标准，加大绿色低碳产品采购力度；落实环境保护、节能节水、新能源和清洁能源车船税收优惠；研究碳减排相关税收政策。

总体而言，我国经过多年的努力已经初步建立起针对能源领域污染与气候变化的治理政策体系。

第二节

经济与社会发展中的碳排放

一、碳排放总量巨大，人均 GDP 的碳排量逐年降低

我国碳排放总量巨大，但人均 GDP 的碳排量呈现逐年降低趋势。如图 4-15 所示，我国二氧化碳排放量自 2011 年起增速显著放缓，年均增速为 0.02%，近几年又呈升高态势。我国单位 GDP 二氧化碳排放量自 2005 年起持续下降，年均增速为 -0.07%，2019 年单位 GDP 二氧化碳排放量

为 2005 年的 29%。

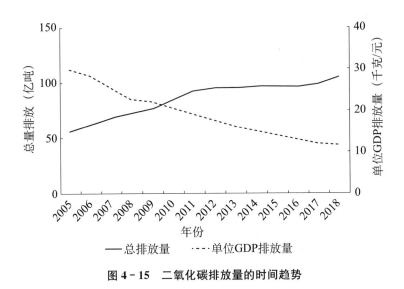

图 4 - 15 二氧化碳排放量的时间趋势

资料来源：CEADs（https：//www.ceads.net.cn/data/nation/）.

二、碳排放与经济总量、产业结构和能源供给结构相关

能源的生产和消费是人类经济活动的基本条件。而能源生产和消费过程中会排放大量的二氧化碳，具有负外部性特征，尤其是工业革命以来，这种负外部性的影响越来越大，给人类发展带来了无法回避的挑战。现代经济系统的正常运行高度依赖能源，并从总量和结构两个方面影响碳排放量。具体而言，经济系统的活动总量、活动类别以及能源生产技术影响碳排放量。经济活动总量越大，对能源的需求量越大，碳排放量往往越大；生产活动的类别用产业来描述，不同产业对能源的消耗强度不同，从而能耗和碳排放与产业结构密切相关；能源生产技术体现在可提供的能源类别上，不同能源类别碳排放因子不同，能源供给结构影响碳排放量。

从世界各国的情况来看，以 GDP 表示的经济总量越大，碳排放量也

越大；同时，经济总量相近的国家第三产业占比越高（发达国家往往第三
产业占比更高），碳排放量越小。从单位能源使用的排放量来看，化石能
源占比越大，碳排放量越大。

从我国碳排放产业分布的演变过程来看，随着 GDP 的快速增长，
1991 年以来我国碳排放量总体上也呈现出显著上升趋势。从产业结构的影
响看，我国第三产业与第二产业的相对比例与碳排放总量增长率之间呈现
出显著的负相关性。

从碳排放的产业分布来看，我国碳排放始终保持"二三一"型，第二
产业碳排放比重最大，保持在 80%，并且主要集中在电力、钢铁、非金属
矿物制品这三个高碳排放部门，且集中度在不断上升。从碳排放增速来
看，碳排放平均增速较高的部门，生产总值平均增速也较高，高碳排放部
门平均增速仍在 5% 以上，尽管 2013 年后增速有所放缓，但实现"双碳目
标"需要重点突破的仍然是电力、钢铁、非金属矿物制品等行业。

从排放强度来看，单位 GDP 碳排放强度总体呈现显著下降趋势；从
各产业直接和完全碳排放强度的演变来看，各产业直接碳排放强度总体上
呈现下降趋势，下降速度逐渐降低，呈现出一定的阶段性特征。1991—
2000 年直接排放强度迅速下降，2001—2010 年下降速度减慢，2011—
2018 年进入平台期。与直接碳排放强度的演变相比，各产业完全碳排放强
度的演变特点总体上类似，但由于考虑了产业关联因素，因此其具有两个
明显不同之处：一是 2011—2018 年并没有完全进入下降的平台期，而是
凭借产业关联的变化继续缓慢下降；二是各部门间的差距稍小一点。无论
是直接碳排放强度还是完全碳排放强度，电力、钢铁、非金属矿物制品都
是最高的三个部门，因此成为实现"双碳目标"的重点关注对象。对于钢

铁部门，煤炭资源的高效利用和短流程炼钢等技术值得关注；对于非金属矿物制品部门，优化水泥的生产工艺，大力发展新型低碳水泥，成为减排的重要途径和方向。电力部门作为主要的能源供给部门，要积极推进新能源发电领域的技术攻关，逐渐实现电力生产结构乃至能源供给结构的根本改变，降低化石能源使用的占比，这对于降低经济活动的总排放量具有重要作用。

三、碳排放呈现明显的东高西低区域差异

我国碳排放总体呈东高西低的空间分布态势，与区域产业发展及能源开发有较大关系。东部地区的碳排放平均为中部地区的 1.46 倍、西部地区的 2.70 倍。东部地区经济发展领先，工业化水平高，能耗较大，导致二氧化碳排放量一直居高不下。能源开采的过程中，在提取、运输、精炼能源矿物时需要消耗大量的能源，由此产生大量的碳排放。国家统计局 2019 年各省份工业增加值数据显示，广东、江苏、山东、浙江、河南、福建、湖北、四川、湖南和河北是工业增加值最大的 10 个省份，其中，有 6 个省份位于东部地区，2018 年其碳排放总量占 10 省总量的 72.8%。山西、内蒙古、陕西、新疆和山东是我国的能源大省（区），2018 年这 5 个省份的碳排放占全国碳排放总量的 27.2%。广东、江苏、浙江、北京、山东、上海、福建、湖北、湖南和安徽是我国的制造业大省（市），2018 年这 10 个省份的碳排放占全国碳排放总量的 39.9%。

四、碳相关的价格波动程度不一，公众对价格波动敏感度具有差异

根据图 4-16 和表 4-7 可知，油价波动远大于电价波动，然而公众对

电价波动的敏感度高于对油价波动的敏感度。

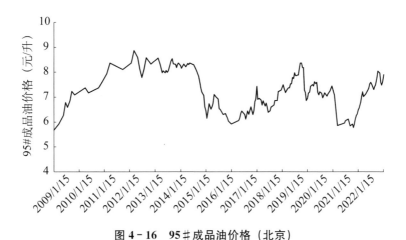

图 4 - 16 95♯成品油价格（北京）

资料来源：Wind 数据库。

表 4 - 7 用电价格

类型	范围（元/千瓦时）	平均值（元/千瓦时）
一般工商业电价（1 千伏以下）	0.579 1～0.886 4	0.759 1
一般工商业电价（1 千伏～10 千伏）	0.574 1～0.871 4	0.740 2
一般工商业电价（10 千伏～35 千伏）	0.544 3～0.856 4	0.720 5
大工业电价（10 千伏以下）	0.367 4～0.704 0	0.577 2
大工业电价（10 千伏～35 千伏）	0.357 2～0.679 0	0.558 5
大工业电价（35 千伏～110 千伏）	0.347 2～0.654 0	0.539 8
大工业电价（110 千伏～220 千伏）	0.347 2～0.643 5	0.527 6
居民生活电价	0.36～0.617	0.510 7

根据图 4 - 17 我们可以看出，电力、热力生产和供应的投入在总产业投入中的占比最高，达 2.35%。煤炭、石油和天然气的开采精炼的投入占比也较高，高于 1%。电力、热力生产和供应的占比高于油气行业的占比，和公众的生活直接息息相关可能是造成公众对电价更敏感的原因。

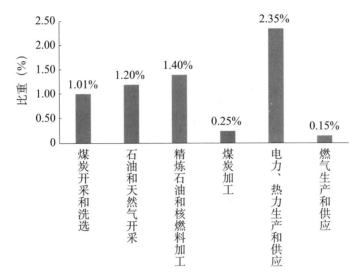

图 4-17　煤、油、气和电的支出占成本的比重

五、我国碳生产率正逐步上升，但仍面临严峻挑战

碳生产率的常见定义如下：单位二氧化碳排放所实现的国内生产总值（GDP），即碳排放强度（单位 GDP 的二氧化碳排放量）的倒数。碳生产率的提高意味着用更少的物质和能源消耗产生出更多的社会财富。实现较高的碳生产率意味着既能稳定大气中的温室气体含量，又能保持经济的增长，是实现经济与环境协调发展的有效路径。

中国是世界上最大的碳排放国。为了承担大国减排责任、加强应对气候变化行动，国家主席习近平在气候雄心峰会上进一步提出了到 2030 年中国单位国内生产总值二氧化碳排放量比 2005 年下降 65％以上的自主行动减排目标，这意味着碳生产率至少要提升 1.86 倍。在过去的 70 年里，中国的碳生产率在持续上升（见图 4-18）。然而，与国际水平相比，我国的碳生产率依然低于世界平均水平。如果二氧化碳排放要在 2030 年之前达到峰值，那么碳生产率的进一步提高将面临增长结构转变和技术进步调整等严峻挑战。

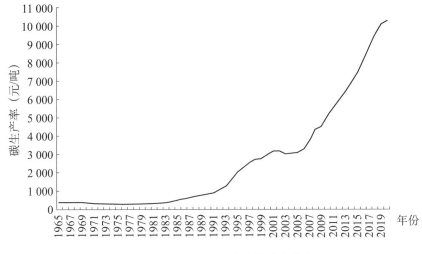

图 4 - 18　1965—2020 年中国碳生产率

资料来源：BP（https：//www.bp.com/zh ＿ cn/china/home）、国家统计局（https：//data. stats.gov.cn/easyquery.htm？cn＝C01）。

六、碳减排成本具有差异性，需遵循减排最优次序原则

减排需要付出经济代价。从经济的长期发展来看，技术进步、经济与能源结构优化等是碳减排的主要途径；而在技术、结构难以进步和优化的情境下，就无法自由减少碳排放，若要在短期内实现碳减排，则只能通过压缩碳排放部门的生产规模、放缓经济增长来实现。但无论是长期还是短期，无论是技术创新还是压缩产量，碳减排都面临着高昂的成本，且由于不同阶段、不同地区、不同行业的特征不同，其减排的代价或成本也存在巨大差异。减排须遵循最优次序原则。对于时间上的差异性，应以"代际减排支出均等化"为主要思路。碳减排对不同世代的经济冲击不同。"代

际减排支出均等化"意味着根据每一代人的整体收入水平来决定其对减排的贡献。如果减排成本在逐渐降低，则将重大减排政策后置到经济发展程度更高的阶段，就可以以更小的经济代价实现更高的综合收益。对于区域上的差异性，可以按照边际收益等于边际成本的原则分配减排量。对于不同行业的差异性，应综合考虑各行业在经济中的作用和减排难度。由于高耗能行业减排成本低且环境负外部性大，因此在经济转型的过程中可以首先对这类行业实施减排措施。

首先，从历史规律来看，随着减排技术的发展、经济阶段的变迁以及减排要求的变化，减排成本存在动态演变。一种情况是成本随时间推移而降低。夏炎和范英基于技术进步对我国的动态减排成本曲线进行了估计，发现无论从绝对量减排来看还是从相对量减排来看，边际减排成本[1]曲线均呈现出逐年递减的趋势（见图 4 - 19），其主要的驱动力是技术进步[2]。随着减排技术水平的提高，减排行动更加容易。在技术进步的趋势下，减排等量的二氧化碳，较晚减排付出的成本可能相对低一些。另一种情况是成本随时间推移反而升高。Wu、Ma 和 Tang 使用 SBM 模型估计了中国的边际碳减排成本，结果显示全国的边际碳减排成本从 2002 年的 1 117 元/吨上涨到 2013 年的 1 288 元/吨，涨幅约为 15%[3]。但这一分析未考虑技术和产业结构的变动。刘明磊、朱磊和范英将研究时间设置在 2005—2007 年后发现全国总体减排成本在增加[4]。他们将其归因于"十一五"期间中国

① 二氧化碳的边际减排成本是额外减排一单位二氧化碳所需要的成本。

② 夏炎，范英. 基于减排成本曲线演化的碳减排策略研究 [J]. 中国软科学，2012 (3)：10 - 22.

③ Wu J, Ma C, Tang K. The static and dynamic heterogeneity and determinants of marginal abatement cost of CO_2 emissions in Chinese cities [J]. Energy, 2019 (178)：685 - 694.

④ 刘明磊，朱磊，范英. 我国省级碳排放绩效评价及边际减排成本估计：基于非参数距离函数方法 [J]. 中国软科学，2011 (3)：106 - 114.

政府开始实施约束性措施，减排难度在不断加大。

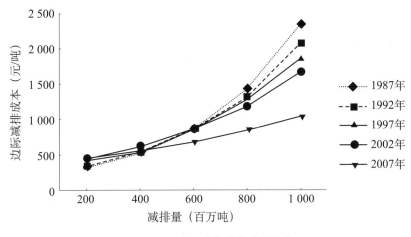

图 4 - 19 边际减排成本动态演变

资料来源：夏炎，范英. 基于减排成本曲线演化的碳减排策略研究［J］. 中国软科学，2012（3）：10 - 22.

其次，地区的不同特征导致碳减排成本存在区域差异。我国幅员辽阔，不同地区经济发展水平和资源禀赋差异很大。东部沿海各省市经济发展水平明显高于中西部地区，并且拥有大量人口。各省份的工业化水平的区别也使得不同省份的能源生产和能源消费有所不同，由此产生的二氧化碳排放量也存在较大差异。这些差异决定了各省份碳减排成本的不同。李陶、陈林菊和范英基于碳强度建立了各省份的减排成本估计模型，得出了减排成本与碳排放强度和减排比例相关的结论[1]。碳强度较高的省份，二氧化碳减排较容易，相应的边际减排成本较低。另外，边际减排成本和减排比例直接相关，减排相同比例时，排放量大的省份减排量更多。Wu、Ma 和 Tang 的结论也较为类似：如表 4 - 8 所示，碳排放强度最低的东部

---

[1] 李陶，陈林菊，范英. 基于非线性规划的我国省区碳强度减排配额研究［J］. 管理评论，2010，22（6）：54 - 60.

省份减排成本最高，东北地区平均边际碳减排成本最低[①]。

表 4-8　中国不同地区碳减排边际成本

地区	观测值	平均值（元/吨）	最大值（元/吨）	最小值（元/吨）
全国	3 432	1 191	4 719	40
东部	1 044	1 330	4 719	172
中部	972	1 194	4 717	159
西部	1 008	1 224	4 716	40
东北	408	741	3 849	173

资料来源：Wu J，Ma C，Tang K. The static and dynamic heterogeneity and determinants of marginal abatement cost of CO_2 emissions in Chinese cities [J]. Energy，2019（178）：685-694.

最后，不同行业不同技术的碳减排成本也不同。吴贤荣等借助方向距离函数方法估算了 31 个省份的农业减排成本，发现其平均值为 1.9 万元/吨[②]。Peng 等研究了中国 24 个工业部门的边际碳减排成本，发现高耗能产业[③]的成本较低，而轻工业和高技术产业的减排成本较高，如通信设备、计算机及其他电子设备制造业，烟草业，塑料业，特种设备制造业和电气机械设备制造业，其减排成本均在 1 万元/吨以上[④]。

七、变"减污降碳"为"降碳减污"：双重目标下的一石二鸟策略

二十大报告在阐述美丽中国建设时，将原先"减污降碳"的表述更改为"降碳减污"，这一更改无论在理论还是实践上都具有重大意义。高速

---

① Wu J，Ma C，Tang K. The static and dynamic heterogeneity and determinants of marginal abatement cost of CO_2 emissions in Chinese cities [J]. Energy，2019（178）：685-694.
② 吴贤荣，张俊飚，田云，等. 基于公平与效率双重视角的中国农业碳减排潜力分析 [J]. 自然资源学报，2015（7）：1172-1182.
③ 石油炼焦及核燃料加工业，电力、热力、燃气及水生产和供应业，化学原料及化学制品制造业，黑色金属冶炼及压延加工业。
④ Peng Y，Wenbo L，Shi C. The margin abatement costs of CO_2 in Chinese industrial sectors [J]. Energy Procedia，2012（14）：1792-1797.

的经济增长在排放碳的同时也产生了大量污染物，如二氧化硫、氮氧化物、粒子污染物、氨氮等。以二氧化硫为例，二氧化硫是能源消耗过程中产生的主要污染物之一，我国受二氧化硫污染影响严重。大气污染物对环境的影响方式与碳不同。首先，二氧化碳引起的一系列气候问题在全球范围内占有更重要的地位，而大气污染物的负面影响则是区域性或局部性的（例如二氧化硫、氮氧化物引起的酸雨）。其次，大气污染物导致的空气污染会损害人类的呼吸系统和引起其他健康问题，而二氧化碳的短期影响比较微弱。二氧化硫与氮氧化物不仅危害人类的福祉，而且还会侵蚀建筑物、酸化湖泊和溪流、破坏森林，对生态平衡的危害更大。

我国以煤炭为主的能源结构特征导致碳排放与污染物排放具有很高的相关性。大气污染物排放水平高的重要原因之一是我国使用煤炭作为主要能源，而煤炭是碳密集度最高的化石燃料且含硫量较高，杂质中还含有一定的氮元素。此外，我国工业和居民使用煤炭的能源效率相对较低，脱硫设备成本高、普及速度相对较慢都是导致煤炭使用过程中二氧化硫排放量巨大的原因。图 4-20 显示，2000 年至 2006 年期间二氧化硫的总排放量呈现出波动上升的趋势，但 2006 年推出《可再生能源法》后，二氧化硫排放量持续下降，2015 年新一轮电力改革和 2017 年"煤改电""煤改气"都成为二氧化硫排放量下降的关键节点。2006—2019 年，我国二氧化硫年排放量由 2 588.8 万吨下降到 457.3 万吨。

我国碳排放与污染排放之间的紧密关系意味着"降碳"和"减污"双重目标可同时实现，但两者之间的先后顺序需要仔细斟酌。一般来说，我们习惯用末端治理进行"减污"，例如安装脱硫脱硝设备来吸收排放出的污染物，而"降碳"的末端治理成本则较为高昂。例如，碳捕集、利用与封存（carbon capture，utilization and storage，CCUS）是一种新兴的末端

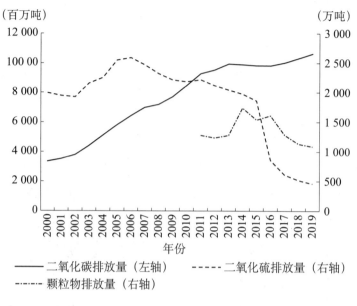

图 4-20　二氧化硫与二氧化碳排放量

资料来源：历年《中国环境统计年鉴》、世界银行（https：//data.worldbank.org/indicator/EN.ATM.CO2E.KT）。

治理技术，它是将煤炭等能源燃烧产生的二氧化碳捕获、提纯，继而封存或投入新的生产过程中进行循环再利用的一种技术。据估计，碳捕集成本为 15~120 美元每吨二氧化碳不等，美国使用陆上管道运输和存储碳的成本为 2~14 美元每吨二氧化碳[①]。因此，为了协同治理，生态环境保护逐步从末端治理走向源头治理。此时就会出现"末端治理的减污不一定降碳，但源头治理的降碳一定减污"的现象。

"降碳减污"是将"降碳"作为首要任务，用从能源生产与消费方面调整经济结构、提高低碳能源比例等方式从根本上减少碳排放。以二氧化硫排放为例，根据测算，减少 1 吨的二氧化碳排放短期内会减少 0.000 6 吨

---

① 数据来源于 IEA（https：//www.iea.org/commentaries/is-carbon-capture-too-expensive）。

二氧化硫排放，而在长期内可减少 0.01 吨二氧化硫排放；二氧化硫排放相对于二氧化碳排放的短期和长期弹性分别为 0.04 和 2.15[①]。相较而言，从源头上降碳比末端治理的成本更低并且具有减少污染物的附加收益，比末端治理的效率更高。

| 第三节 |

能源高质量发展的必要性

在气候变化和"双碳目标"的背景下，能源系统面临的三个新变化和新特征，总结起来可以概括为三个"越来越"：（1）气候变化对能源供给和需求的影响越来越大；（2）经济社会发展和人民生活水平提升对能源供应的期望越来越高；（3）维持能源系统安全、平稳、低成本运行的难度越来越高。

一、气候变化对能源供给和需求的影响越来越大

（一）气候变化导致的极端天气事件和自然灾害越来越广泛、频繁且剧烈

近年来，极端天气在全球多地频繁出现。全球极端天气与气候变化关

[①]　Zheng X，Zhang L，Yu Y，et al. On the nexus of SO_2 and CO_2 emissions in China：the ancillary benefits of CO_2 emission reductions [J]. Regional Environmental Change，2011，11（4）：883-891.

系密切，越来越广泛、频繁且剧烈的极端天气和自然灾害等都是气候变化的明显迹象①。从全球数据来看，气候变化导致了全球范围内越来越多的极端天气和自然灾害，且范围越来越大，频率和严重程度越来越高。根据联合国减少灾害风险办公室（UNDRR，the UN Office for Disaster Risk Reduction）2020年的报告《2000—2019年灾害的人类代价》（*The Human Cost of Disaster：An Overview of the Last 20 Years*），在2000—2019年的20年期间，自然灾害的发生频率几乎是1980—1999年的两倍。其中，与气候相关的自然灾害和极端天气事件占很大一部分，与气候有关的自然灾害②的占比越来越高。

（二）气候变化对能源供给的冲击越来越大

气候变化影响能源供给的机制可分为两大类。第一，新能源的发电出力直接由气候和天气条件决定，由于气象条件客观上的不确定性，新能源发电也具有波动性、间歇性和随机性的特征。传统化石能源发电的可控性强，发电出力平稳，受天气影响较小，但风电和光伏等可再生能源发电具有波动性、间歇性和随机性等特点，且极易受到天气环境的影响。随着能源结构和电源结构中可再生能源比例的提高，未来能源系统对气象条件的敏感程度会大大上升。同时，气候变化背景下越来越不稳定的气候和气象条件加剧了可再生能源发电出力的波动性和不确定性，提高了发电预测的

---

① 气候变化将导致越来越多的极端天气和自然灾害：访世界气象组织秘书长塔拉斯［EB/OL］.（2021-07-19）［2021-08-11］. http://www.xinhuanet.com/tech/2021-07/20/c_1127674617.htm.

② 与气候有关的灾害包括水文、气象和气候三个灾害亚类，根据EM-DAT数据库（Emergency Events Database）的分类，水文灾害亚类包括洪水、山体滑坡等，气象灾害亚类包括风暴、极端气温等，气候事件亚类包括干旱、野火等。灾害的具体分类详见www.emdat.be/new-classification。

难度。副热带高压控制下高温热浪极端天气常常伴随着大范围的无风环境，风力发电出力几乎为零；连绵阴雨的天气下太阳能发电几乎无出力；暴雨、洪涝、台风、龙卷风、冰灾等极端天气和自然灾害也会对发电装机设施造成严重破坏。越来越不稳定的气候和气象条件通过影响可再生能源的发电出力从而影响电网系统的安全性和稳定性。

第二，我国的可再生资源禀赋和装机空间分布与能源需求空间分布的匹配度较低，可再生能源难以在本地实现完全消纳，需要通过大规模长距离的传输才能匹配到负荷中心。我国的风能、太阳能资源主要分布在"三北"①、八省份②，水电资源主要集中在四川、重庆、云南及西藏等地区，而电力需求负荷中心主要集中在东部沿海省份和中部省份。为满足电力需求负荷中心地区经济发展和人民生活用电的需求，也为了实现可再生能源资源的充分利用和消纳，中国大力发展远距离输电技术，建设大容量、跨区域的输电网络，扩容省级行政区内、省级行政区间的输电通道，将可再生电力资源输送到负荷密集的中东部地区，提升新能源大范围优化配置的能力（见图4-21）。电网等能源关键基础设施对极端天气和自然灾害较为敏感。地震、洪涝、台风、冰灾、雷暴等极端自然灾害通常都会对电网造成严重破坏。这一特征意味着不稳定的气候和气象事件会破坏输配电网等能源传输的关键基础设施，威胁能源传输系统物理上的安全平稳运行，增大能源系统面临的风险和不确定性。总而言之，越来越不稳定的气候和气象条件通过影响能源传输设施的安全从而影响电力系统的平稳运行。

---

① 华北、东北和西北。
② 内蒙古、新疆、河北、甘肃、宁夏和东北三省。

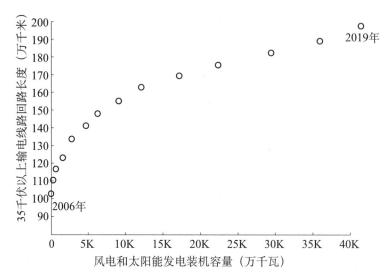

图 4-21　2006 年以来风电和太阳能发电装机容量与输电线路回路长度

资料来源：历年《中国电力年鉴》、历年《电力工业统计资料汇编》。

（三）气候变化对能源需求的影响越来越大

气候变化会使未来的能源需求总量增加。气候变化改变了用于调节温度的能源需求量和需求结构。由于平均气温升高和极端高温事件越来越频繁，夏季用于制冷的用电需求增加，虽然冬季取暖的用能需求将减少，但总体来看能源净需求将会增加。根据 van Ruijven 等人的估计，在"温和"的气候变化条件下，全球能源需求将上升 11%～27%，而在"剧烈"的气候变化条件下，全球能源需求将上升 25%～58%；能源需求上升的最大来源是因升温而引致的制冷用电需求，主要发生在工业部门和服务部门[①]。

---

① van Ruijven B J，De Cian E，Wing I S. Amplification of future energy demand growth due to climate change [J]. Nature Communications，2019，10 (1)：1-12.

气候变化改变了能源需求负荷的峰谷特征，平均气温升高和极端天气事件[①]也会提高用电需求高峰出现的频率和强度[②]。

气候条件的不稳定性也加剧了能源需求负荷的波动性和不确定性。气象条件是影响用能需求的重要因素。家庭用能需求与最高气温、最低气温、空气湿度等气象条件密切相关：高温天气下家庭会通过增加空调、风扇等降温设备的使用时间和强度来解暑，制冷用能需求随之增加；低温天气下家庭的取暖用能需求增加；阴雨天用电量通常也较高。气候变化背景下越来越不稳定的气象因素会相应改变能源需求负荷的波动性和随机性。

二、经济社会发展和人民生活水平提升对能源供应的期望越来越高

随着社会主义现代化建设的推进，经济社会发展和人民生活水平提升对能源系统的期望越来越高，主要可以概括为以下五方面的要求：

第一，充足的能源供应量。能源系统建设的首要任务是保障我国社会主义现代化建设的多元需求。从宏观角度来看，能源供给要保障社会主义现代化建设，支撑实现 2035 年人均国内生产总值达到中等发达国家水平的目标；从微观角度来看，随着居民生活水平的提升，生活用能的需求也将不断提高。此外，家用电器等用能设备的拥有量越来越大，家用电器、空调等用能设备价格的降低也会进一步提高能源需求。

第二，更加清洁低碳的能源结构。构建低碳清洁的能源体系是为了满

---

① 特别是极端高温和极端低温。

② Auffhammer M，Baylis P，Hausman C H. Climate change is projected to have severe impacts on the frequency and intensity of peak electricity demand across the United States［J］. Proceedings of the National Academy of Sciences，2017，114（8）：1886－1891.

足人民群众对美好生态环境的需要。建设生态文明是经济高质量发展和可持续发展的要求。同时，碳减排具有全球公共物品的属性，"双碳目标"的确立展现了中国负责任的大国的形象。

第三，更加可靠稳定的能源服务质量。随着经济社会的工业化、城镇化、电气化发展，能源渗透到经济、社会、文化的各个方面，全面影响到经济社会的正常运行和人民群众的衣食住行。现代化的经济运行和人民生活依赖电网等能源关键基础设施的安全平稳运行，能源系统的故障对经济社会产生的影响越来越大，重大电力安全风险对经济社会造成的损失会越来越难以承受。

第四，更有竞争力的用能成本。能源价格上涨通常是推动宏观经济发生"滞胀"的重要因素。已有研究表明，能源价格上涨对中国经济具有紧缩作用①。当今世界正经历百年未有之大变局，错综复杂的国际环境给中国的发展带来新矛盾和新挑战，国际形势和竞争格局正在发生深刻变化，建设有世界竞争力的经济体需要有竞争力的能源价格和较低的用能成本来支撑。

第五，更加公平的能源系统。习近平总书记指出："广大人民群众共享改革发展成果，是社会主义的本质要求，是我们党坚持全心全意为人民服务根本宗旨的重要体现。我们追求的发展是造福人民的发展，我们追求的富裕是全体人民共同富裕。"② 社会主义基本经济制度对共同富裕目标的追求以及共享发展理念的落实要求落实并完善能源普遍服务责任，建设更

---

① 林伯强，牟敦国. 能源价格对宏观经济的影响：基于可计算一般均衡（CGE）的分析 [J]. 经济研究，2008（11）：88－101.

② 中共中央召开党外人士座谈会 [N]. 人民日报，2015－10－31.

加公平的能源系统。

三、维持能源系统安全、稳定、低成本运行的难度越来越高

能源行业特别是电力行业是实现碳中和的关键领域。工业、建筑业、交通运输业等碳排放大户行业依靠自身深度脱碳的难度较大，其他行业的电气化加上电力行业的低碳清洁化，是目前世界各国实现碳中和目标的主要举措。电力行业的低碳清洁化则主要通过提高风电、太阳能等新能源的比重来实现。

在气候变化的背景下，越来越频繁剧烈而广泛的极端气象条件放大了以新能源为主体的电力系统的平衡困难和运行风险，进一步提高了电力系统的成本。主要分为三个方面：第一，新能源资源禀赋和装机空间分布与能源需求空间分布的匹配度较低的特征决定了需要更大范围的电网覆盖和更加强大的输配通道能力，因此电网接入与大规模、长距离的电力传输将带来电力系统输配成本的上升。第二，新能源发电出力特性与电力需求负荷特性的匹配度较低的特征需要电源侧具备更高的灵活性更强的调峰与辅助服务能力，才能满足电力系统的实时平衡要求，这将带来电力系统匹配成本的上升。第三，可再生能源出力的不确定性和随机性较大的特征本质上仍然是由自然条件和气象因素的不确定性和不可预测性所决定的。为了应对可再生能源出力的不确定性和不可预测偏差、维持电网系统的实时平衡，以新能源为主的新型电力系统需要火电等常规的高灵活性电源、互联互通的大电网以及充足的储能设备发挥调节平衡作用与管理频率和电压，从而带来更高的系统平衡成本。

气候变化背景下，越来越频繁的极端天气事件进一步放大了电力供需

的不平衡矛盾。第一，用电需求的峰谷差距拉大，用电需求高峰越来越频繁；同时，供给侧新能源出力的不确定性和随机性增强。两方面因素相互叠加，放大了供需双方的匹配矛盾，造成日内、中短期、局部地区的电力不平衡问题越来越严重，进一步提高了电力系统的平衡成本和匹配成本。第二，气候变化使电网运行面临的气候风险显著增大，越来越不稳定的气象条件和越来越频繁的自然灾害威胁着电网系统的平稳安全运行。以新能源为主体的新型电力系统十分依赖电网系统物理上的安全平稳运行。极端天气会损坏能源资产，破坏能源生产和传输基础设备，从而造成能源供应中断和经济损失。

综合以上分析，在能源供给和需求受到气候变化等外部冲击的影响越来越大的条件下，在经济社会发展和人民生活水平对能源供应提出越来越高的要求的背景下，高比例新能源的电力系统维持供需平衡和安全稳定运行的成本加速上升，维持能源系统安全、平稳、低成本运行的难度越来越高。

此外，深化电力体制改革、构建新型电力系统的总体思路是回归电能的商品属性，发挥好市场配置资源的决定性作用。与此同时，在社会主义现代化建设的新阶段，在"共享"新发展理念下，既要还原能源和电力的商品属性，也要保障低收入群体和欠发达地区的基本用能用电需求，推动实现共同富裕。随着市场机制的逐渐完善，原先承担普遍服务功能的电价交叉补贴等机制的资金来源将会逐渐收缩，而普遍服务的资金需求会不断扩大，财务平衡越来越困难，以交叉补贴机制为主的能源普遍服务体系难以为继。

第五章

高质量发展目标下能源转型的权衡抉择

高质量发展目标在经济、环境等多个维度上都提出了新的要求。结合中国当前的能源和碳事实，我们除依靠"自发"的驱动力外，还需要在不同目标中进行权衡抉择。本章第一节讨论 2035 年经济翻番对能源供给的要求，第二节分析"双碳目标"对清洁发展的约束，第三节结合能源不可能三角探讨在"满足能源需求"和"利用能源清洁"两个必然选择下价格变动的空间及变动后不平等问题的解决方案。

| 第一节 |

保障能源供给是 2035 年经济翻番的重要支撑

《中华人民共和国国民经济和社会发展第十四个五年规划和 2035 年远景目标纲要》第一次将社会主义现代化目标具象化，提出"2035 年基本实现社会主义现代化，人均 GDP 达到中等发达国家水平"的目标。这种设想对于我国基本建成社会主义现代化强国、实现崛起具有十分重要的战略意义。

上述经济目标对经济增速提出了相应的要求。"十四五"规划文件起草组经过认真研究和测算，进一步细化了"人均 GDP 达到中等发达国家水平"的目标，即我国到 2035 年实现经济总量或人均收入较 2020 年翻一番。若按照人均 GDP 水平进行倒算，考虑到 2035 年我国人口将达到

14.335 亿人，较 2020 年增长 0.63%，则 GDP 总量的年均增速应达到 4.78%。这种增长速度将使我国 GDP 总量从 2020 年 103 万亿元人民币左右上升到 207.5 万亿元人民币[①]，这将与美国 2035 年的预测水平相当[②]。若按照 2035 年人均 GDP 达到中等发达国家水平进行推算，采取高收入国家中位数人均收入水平作为参照，则未来 15 年内我国 GDP 年均增速要达到 4.8% 左右[③]，同时利用这种持续的增长，使人民币呈现出一种连续的升值状态，这样就很可能使我们国家真正全面崛起。当然，年均增速不是固定不变的。在经济结构分化问题还没得到解决的情况下，"十四五"期间我国 GDP 增速仍需保持在 5.5%～6.5% 的区间。

经济翻番需要能源的支撑。无论是工业生产还是居民生活，只要经济正常运转，就都离不开能源的投入。林伯强应用协整分析和误差修正模型技术研究了中国电力消费与经济增长之间的关系后表示，GDP、资本、人力资本以及电力消费之间存在着长期均衡关系[④]。韩智勇等利用 1978—2000 年中国的数据研究发现，中国能源消费与经济增长之间存在双向的因果关系[⑤]。后期也有很多文献对能源消费与经济增长的"脱钩"进行了研究[⑥]，但能源的基础投入品地位得到了普遍认同。

郑新业分两种情形讨论了支撑未来经济发展的能源需求：不考虑产业

[①] 2020 年不变价格。

[②] 假设美国未来年均增长速度是 2.5%，到 2035 年其 GDP 总量将达到 30 万亿美元。

[③] 刘元春. 科学测算和设定 2035 和"十四五"经济增长目标 [J]. 经济展望，2020 (6)：8.

[④] 林伯强. 电力消费与中国经济增长：基于生产函数的研究 [J]. 管理世界，2003 (11)：18 - 27.

[⑤] 韩智勇，魏一鸣，焦建玲，等. 中国能源消费与经济增长的协整性与因果关系分析 [J]. 系统工程，2004，22 (12)：17 - 21.

[⑥] 王锋，辛欣，李锦学. 中国能源消费与经济发展的"脱钩"研究 [J]. 中国市场，2010 (13)：69 - 71.

结构变动和考虑产业结构变动①。他们利用中国省级层面的数据研究了人均能源消费与人均实际 GDP 的关系（见表 5-1），结果发现，无论是否考虑产业结构，经济增长都与能源需求紧密相关。

表 5-1　两种情形下（考虑产业结构与否）人均实际 GDP 与人均能源消费的关系

	不考虑产业结构	考虑产业结构（高耗能行业）
$\ln Y$（人均实际 GDP）	0.733 *** (0.096)	0.439 *** (0.089)
$\ln coke$（人均焦炭产量）		0.033 *** (0.007)
$\ln metal$（人均十种有色金属产量）		0.029 *** (0.007)
$\ln soda$（人均烧碱产量）		0.036 *** (0.010)
$\ln steel$（人均粗钢产量）		0.004 (0.010)
$\ln power$（人均火力发电量）		0.190 *** (0.026)
$\ln cement$（人均水泥产量）		0.052 ** (0.025)
$\ln price$（燃料、动力购进价格指数）	−0.121 ** (0.059)	−0.119 *** (0.036)
$tertiary$（第三产业比重）	−0.013 *** (0.002)	−0.004 ** (0.002)
tec（科研经费投入强度）	−0.053 (0.034)	−0.000 (0.016)
常数项	—	—
年份固定效应	是	是
观测值	551	540

---

① 郑新业. 现代能源经济体系建设：体制改革与政策组合 [M]. 北京：科学出版社，2019.

续表

	不考虑产业结构	考虑产业结构 （高耗能行业）
R^2	0.938	0.968
省份数量	29	29

资料来源：郑新业，吴施美，李芳华. 经济结构变动与未来中国能源需求走势 [J]. 中国社会科学，2019（2）：92－112，206.

注：括号内的数值表示估计系数的稳健标准误差，***、**、* 分别表示估计系数在 1%、5% 和 10% 的水平显著；ln 表示取对数。

为了测算支撑经济翻番的能源数量，在实际预测中首先要对经济增速等关键变量进行情景设定。郑新业等人结合 2035 年远景目标对经济增速的要求和多个国际组织对我国 GDP 增长率的预测（见表 5－2），设定 2016—2020 年 GDP 年均增速为 6.50%，2021—2035 年 GDP 年均增速为 5%[①]。根据 GDP 增速与人口增速的关系，可以得到人均 GDP 的增速。人口增长率来自 International Futures，该机构对每年的人口增长率分别设定，2016—2035 年的年均增长率约为 0.09%。

表 5－2　国际组织对中国 GDP 增速的预测　　　　　　　　　（%）

国际组织	2016 年	2017 年	2018 年	2019 年	2020 年	2021 年	2022 年	2025 年	2030 年	2035 年
世界银行	6.70	6.50	6.30	6.30						
OECD	6.70	6.64	6.39							
国际货币 基金组织	6.70	6.77	6.50	6.30	6.20	6.00	5.75			
联合国	6.70	6.50	6.50							
OECD （长期 预测）	6.69	6.20	5.80	5.45	5.14	4.87	4.62	4.02	3.49	3.39

资料来源：Knoema 数据平台（https://knoema.com/loqqwx/china-gdp-growth-forecast-2015-2020-and-up-to-2060-data-and-charts）。

---

① 郑新业，吴施美，李芳华. 经济结构变动与未来中国能源需求走势 [J]. 中国社会科学，2019（2）：92－112，206.

我们首先在不考虑产业结构变动的情景下，使用弹性系数法对未来经济发展状态下的能源需求进行预测。在根据估计所得的 2015 年时变系数设定 2016—2035 年各变量的系数后，研究发现能源消费会在 2027 年达到峰值 105.8 亿吨标准煤，2035 年能源需求是 2016 年的 2 倍左右（见图 5-1）。

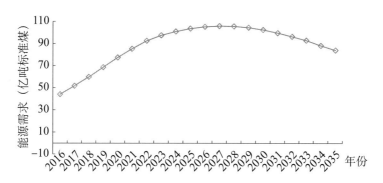

图 5-1　不考虑产业结构变动的情景下未来经济发展所需要的能源支撑

资料来源：郑新业，吴施美，李芳华. 经济结构变动与未来中国能源需求走势［J］. 中国社会科学，2019（2）：92-112，206.

在考虑产业结构变动的情景下，需要先对未来产业的发展情景进行假设。郑新业等人聚焦高耗能行业，对其增长情形进行了假定。IEA 预测，中国化工行业及有色金属行业的增长将会持续到 2040 年，但中国钢铁和水泥产量会持续下降 30%～40%；烧碱和十种有色金属 2021—2035 年的增长率将在 2016—2020 年区间增速的基础上降低 3 个百分点（见表 5-3）。鉴于中国的焦炭有 85% 用于炼钢，且中国的钢铁产能大部分是近十年投产的先进产能，单位能耗水平已接近世界先进水平，因此，焦炭消费应决定于钢铁消费，故设定焦炭增长率与粗钢增长率相等。对于技术变量、价格变量和第三产业比重变量，选取各省份样本年份的年均增长率进行情景分析。

表 5 - 3 高耗能产品 2016—2035 年增长情形

时间	焦炭	烧碱	水泥	粗钢	十种有色金属	火力发电量
2016—2020 年	0.46%	4.50%	−1.42%	0.46%	4.10%	2.40%
2021—2035 年	−0.95%	1.50%	−1.36%	−0.95%	1.10%	2.40%

资料来源：工业和信息化部. 石化和化学工业发展规划（2016—2020 年）（EB/OL）.（2017 - 06 - 22）［2020 - 08 - 15］. http://www.ndrc.gov.cn/fggz/fzzlgh/gjjzxgh/201706/t20170622 _ 1196825.html? code=&state=123; Hasanbeigi A, Khanna N, Price L. Air pollutant emissions projections for the cement and steel industry in China and the impact of emissions control technologies［R］. Berkeley: Lawrence Berkeley National Laboratory, 2017; 工业和信息化部. 有色金属工业发展规划（2016—2020 年）［EB/OL］.（2017 - 07 - 07）［2020 - 08 - 15］. http://www.ndrc.gov.cn/fggz/fzzlgh/gjjzxgh/201707/t20170707 _ 1196827.html? code=&state=123; IEA. World Energy Outlook 2016［R/OL］.（2016 - 12 - 02）［2020 - 08 - 15］. http://www.iea.org/reports/world-energy-outlook-2016.

非参趋势法的预测结果显示（见图 5 - 2），若考虑高耗能行业发展速度的减缓，则我国未来能源需求将维持在一个相对稳定的水平，大约为 50 亿吨标准煤。考虑高耗能行业发展与否，对能源需求走势的影响十分明显，弹性系数法的预测结果显著高于非参趋势法的预测结果，两者差异最大时高达一倍以上。

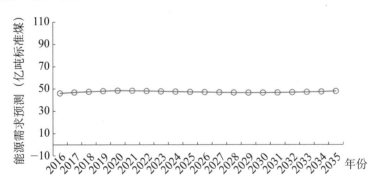

图 5 - 2 考虑产业结构变动的情景下未来经济发展所需要的能源支撑

资料来源：郑新业，吴施美，李芳华. 经济结构变动与未来中国能源需求走势［J］. 中国社会科学，2019（2）：92 - 112，206.

但无论是哪一种情景，支撑经济总量或人均 GDP 翻番都需要足够的能源投入。短期内缩减能源消费的总量将直接影响经济增速，不利于完成经济增长目标。保障能源的供给对保增长、维稳定具有重要意义。

清洁发展是"双碳目标"下的必然要求

"2030 年前实现碳达峰，2060 年前实现碳中和"的"双碳目标"对能源结构提出了新的要求。2020 年 12 月 12 日，习近平总书记在气候雄心峰会上承诺"到 2030 年，中国单位国内生产总值二氧化碳排放将比 2005 年下降 65％以上，非化石能源占一次能源消费比重将达到 25％左右，森林蓄积量将比 2005 年增加 60 亿立方米，风电、太阳能发电总装机容量将达到 12 亿千瓦以上"。而且，"十四五"规划中也将"单位国内生产总值能源消耗和二氧化碳排放分别降低 13.5％、18％"作为约束性减排目标。

从当前的能源结构看，2019 年我国非化石能源占一次能源消费比重为 15.3％（见图 5 - 3），若 2030 年要达到 25％，则意味着非化石能源占比的年均增长率要达到 4.6％，这比 1978—2019 年的平均增速高出约 1 个百分点。同时，25％的目标比《能源生产和消费革命战略（2016—2030）》中的要求整整提高了 5 个百分点。这 5 个百分点意味着化石能源消费将控减 3 亿吨标准煤，也意味着控减 2.1 亿吨石油①消费。这比 2020 年我国全年

---

① 1 吨石油折合 1.428 6 吨标准煤。

的石油生产量还要多。

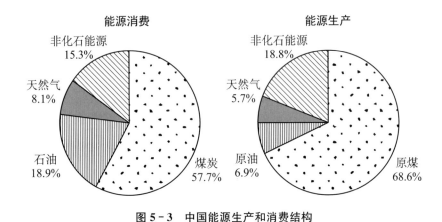

图5-3 中国能源生产和消费结构

资料来源：国家统计局. 中国统计年鉴（2019）［M］. 北京：中国统计出版社，2020.

"双碳目标"对能源结构转型提出了硬约束。如果说在之前的发展阶段还会存在为促进经济增长而产生的"向下竞争"，即地方政府为争夺投资竞相降低能源品生产过程中的环境标准，那么当前阶段这样的行为将很难实现。实现清洁发展成为新时期的必要目标。

辩证看待污染治理与经济增长

污染治理，尤其是从源头减少污染排放，是我国当前面临的重大问题。但一些人也担心治污会给经济发展和物价稳定带来挑战，由此引发了对治理政策的疑虑。

对产生污染的企业来说，治污通常会带来产量下降和成本上升。若污染行业中每个企业都面临这样的问题，则经济增长速度就会出现一定的下降，财政收入也会相应萎缩。不仅如此，企业成本上升还会推动物价水平上涨。不妨以造纸业为例，造纸过程排放的废水、废气、固体废弃物及产生的噪声污染等都会对环境产生严重危害。要减少这种污染，手段无非是限制产量、提高产品价格，或强制企业使用相对环保的生产方式。造纸业产量作为经济总量的一部分，其下降将影响 GDP 增长速度，影响政府财政收入，也将导致就业岗位数量下降。钢铁、水泥、发电、印染等行业也存在同样的情况。

但以上并不是故事的全部。

其一，上述说法只考虑了单个行业对经济增长和物价水平的影响，而没有考虑对经济整体的全面影响。污染治理会改变经济增长结构，但不一定会造成经济增长速度下降。还以造纸业为例，多数情况下，造纸业位于河流的上游，渔业位于下游。不难想象，上游造纸业排污将对下游渔业产生不良影响。虽然对上游造纸业进行污染治理将造成其产量缩减，但污染排放量也相应下降，无疑会使下游渔业的生产环境得到改善，渔业产量因而上升。所以不能忽略的是，如果因治污而受益的行业的产量扩张幅度大于受管制行业的产量缩减幅度，那么经济增长速度反而会上升，并且还额外拥有了一个相对环境友好的经济增长结构。类似地，治污也不一定会抬高物价水平，而是会使不同物品的价格有升有降。

其二，即使污染治理导致了经济规模缩小，但经济规模与福利水平并不等价，而福利水平才是最应该受到关注的。以环境污染为代价带来的收入，很有可能被用于控制污染对人体或者生产环境造成的影响，而这一部分支出在环境良好的情况下原本是不必要的。例如，在我国各地集中出现的严重雾霾天气对居民健康产生了危害，人们不得不将收入的一部分用于购买防护口罩、空气净化器等产品，且相当一部分人还要对相应的呼吸道疾病进行医疗支出。可见，虽然收入水平因经济规模扩张而增加，但造成的环境代价却迫使居民将原本可用于享受型消费的收入转而用于维护身体健康，居民的福利水平并没有上升。更何况，以环境污染为代价的行业生产使得生产者受益，而其造成的环境污染却要由所有人买单。对于那些没有享受到生产扩张好处的居民来说，他们因环境污染遭受的福利损失更大。

由是观之，污染治理不一定会降低经济增长速度、抬高物价水平，反而有可能会促进增长、降低物价并提升人民的总体福利。

第三节
价格调整是"保供-低碳"下的可行选择

一、补贴幻觉：再论能源价格与能源公平

在 2035 年经济翻番和"双碳目标"的双重约束下，保障能源供给和实现清洁发展同等重要。这样，能源不可能三角中的"既有能源用"和"又没有污染"这两个维度都被放在了优先位置。此时，"价格还便宜"这个目标就很难被满足，价格调整不可避免。然而，作为生产生活的必需品，能源价格上涨往往难以被民众所接受，政府也将维持能源价格低廉作为保障民生的重要内容。在此背景下，本书对能源价格和能源公平的关系进行了再论证，发现存在补贴幻觉，即当前的能源价格补贴不仅扭曲了市

场，还没有起到缓解能源不平等的作用。还原能源商品属性、适当提高能源价格，并不会显著加重居民的生活负担。

（一）能源支出在居民生活支出中的占比并不高

要讨论价格调整的可行性，首先要识别的就是其是否会加重负担，即能源支出占生产和生活支出的比重是否会上升。我们利用投入产出表计算能源支出占比，结果发现能源消费在居民支出中占的比重较低，在 2% 至 4% 之间；在生产成本中占比略高，在 10% 上下波动（见图 5-4）。

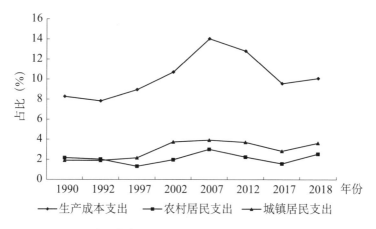

图 5-4　能源支出占生产成本和居民生活消费支出的比例

资料来源：国家统计局（https：//data. stats. gov. cn/ifnormal. htm？u＝/files/html/quickSearch/trcc/trcc01. html&h＝740）。

注：这里的生产成本支出指生产中所用的全部原材料、能源、服务等。我国对投入产出表的统计始于 1987 年 3 月底。国务院办公厅发出的《关于进行全国投入产出调查的通知》（国办发〔1987〕18号）规定我国每五年（逢二、逢七年份）进行一次全国投入产出调查和编表工作。由于编制时间跨度长达五年，不利于数据的实时分析，因此在编制投入产出表之后的第三年（逢五、逢零年份）还会基于原表资料编制一次投入产出延长表，从而图中年份不连续。但在个别年份也会进行投入产出调查，如国家统计局公布了 2018 年投入产出表。

更具体地，我们以电力、燃料等方面的支出为研究对象研究发现，

2011 年我国城镇居民 68 种消费支出项目中，用电支出仅占 2.53%，排名 14，其他燃料支出排名 27，服装支出在总消费支出中所占的比重最高。2011 年之后，我国城镇单位就业人员年平均工资从 2012 年的 46 769 元提高至 2020 年的 97 379 元，增长了 1.08 倍；城镇居民人均年消费支出从 2012 年的 16 674 元提高至 2020 年的 27 007 元，增幅达 62%①。在此期间，居民电价的调整幅度小、调整频率低。虽然电力等能源支出数据不再公布，但我们依然可以大致推断出电力支出在生活成本中的占比。有研究表明，2019 年我国居民生活用电占生活支出的比例为 1.89%②。由此可见，我国居民能源支出在家庭消费支出中所占的比重并不高，居民能源价格变动对家庭生活的影响不应该被过度夸大。

同时，通过测算能源价格对生产成本和生活成本的影响程度，我们发现，煤炭、原油、成品油、电力和燃气等五种能源的价格对生产成本的影响都高于它们对生活成本的影响。原油、成品油和电力的影响相对较大，煤炭和燃气的影响相对较小（见表 5-4）。从五类能源的对比来看，对生产成本影响最大的是作为二次能源的电力。电力价格提高 1 个百分点，生产成本提高约 0.14%。

表 5-4　五类能源价格对生产成本和生活成本的影响规模　　　　（%）

能源	生产成本	生活成本	
		农村	城镇
煤炭	0.042 7	0.042 9	0.010 6
原油	0.100 4	0.072 6	0.068 9
成品油	0.091 1	0.077 2	0.080 3

① 国家统计局（https://data.stats.gov.cn/）。
② 数据来源于 http://www.chinadevelopment.com.cn/fgw/2022/01/1763965.shtml。

续表

能源	生产成本	生活成本	
		农村	城镇
电力	0.137 2	0.072 2	0.063 9
燃气	0.026 5	0.027 9	0.019 2

资料来源：郑新业. 现代能源经济体系建设：体制改革与政策组合［M］. 北京：科学出版社，2019.

（二）居民侧享受的低能源价格可能是一种补贴幻觉

我国当前能源支出居民侧占比低、生产侧占比高的现象除与不同用户自己本身的特性有关外，还与能源补贴相关，居民往往享受着更低的能源价格。以电力为例，交叉补贴措施通过抬高工商业的用电成本，使我国居民用电和农业用电的电价保持在了较低水平。居民认为自己从补贴中得到了福利提升，从而不愿接受"涨价"策略。

然而，这很可能是一种补贴幻觉。居民确实在能源的直接消费中享受了更低的价格，但间接消费呢？例如，一个工商业企业在面临更高的电价时，它会不会将这部分成本包含在其生产的产品中然后卖给居民？这种现象叫作成本转嫁，即企业会将上升的用能成本转嫁到其所生产的产品中，最后由消费者来承担这部分成本。Miller 等人的研究证实了成本转嫁的存在，他们发现燃料成本的增加部分会被企业完全转移到消费者身上，企业承担的 11％的成本会被 16％的收益所弥补[1]。在这种情况下，居民看似得到了补贴，实际上仍然承担了上涨的能源价格，因所谓补贴而得到的"红利"被抵消了。此时，如果给居民涨价能够将居民在购买产品中付出的成

---

[1]　Miller N H，Osborne M，Sheu G. Pass-through in a concentrated industry：empirical evidence and regulatory implications［J］. The RAND Journal of Economics，2017，48（1）：69 - 93.

本转移到能源价格本身上来，消除原来的扭曲，那么这一策略就只是将原来隐藏起来的成本明晰化，居民实际支付的费用不会有太大的提升。

当然，生产者对居民的成本转嫁不是随意的，转嫁比例决定于弹性。当需求无弹性时，增加的生产成本往往可以完全转嫁给消费者。随着弹性的提升，生产者对居民的成本转嫁比例会逐渐降低。但除非需求弹性特别大，否则工业生产的加价都会或多或少传导给居民。

（三）能源补贴具有累退性，会加剧社会不平等

在补贴幻觉的基础上，能源补贴本身在不同收入人群间的分配也存在不公平的问题。Chen 基于按收入等级区分的城镇居民家庭人均消费支出数据计算了不同收入等级的城镇居民得到的能源补贴[①]。从消费结构来看，能源补贴主要来自交通通信消费和食品消费，分别占能源补贴总额的52.75%和31.34%，其他几类消费中能源补贴的比重都较低。从收入等级来看，收入水平越高的居民从各种产品及服务的消费中得到的能源补贴越多，最高收入户人均能源补贴是最低收入户的5.71倍，所以，能源补贴是"累退"的。

除了对能源的整体补贴之外，我国还存在电力行业的交叉补贴。与能源补贴类似，电力交叉补贴也具有累退性。通常情况下，居民收入越高，对电力、管道煤气等的消费量越高，而对面粉等基础用品的消费量越低。这个现象可以用恩格尔系数来解释，即随着收入的增加，食品支出占消费支出的比重会不断下降。因而，现代化商业能源消费量与收入水平正相

---

① Chen Z M. Inflationary effect of coal price change on the Chinese economy [J]. Applied Energy, 2014 (114): 301–309.

关，而普通商品等的消费量则与收入水平负相关。那么，在传统交叉补贴中，高收入群体由于消费量更高，因此所得到的补贴也就更多，而承担交叉补贴任务的企业将用能成本转移到了它生产的产品和服务之中①。因此，交叉补贴虽然保障了居民的生活能源需求，使居民能够低价享受能源，但维持交叉补贴实际上是更多地使高收入人群受益，企业将成本转移给了低收入群体。这与保民生政策的初衷相背离，加剧了居民间的不平等。

二、价格调整下保障能源公平的可行方案

从上一节的分析中我们发现，在保证能源供给和清洁发展的前提下，适当提高能源价格是合理的选择。如果用户坚持不能涨价，那就只能承担能源供给不足的后果，例如停电、油荒、气荒等。政府应该开放能源市场，促进能源供应多元化，提高能源品之间的竞争程度。只有竞争激烈，价格才能更加接近边际成本，才能进一步还原能源的商品属性，让市场更好地发挥作用。对于市场化过程中部分主体面临的涨价问题，需结合具体情况具体分析。例如，对于污染较高的高耗能产业或经济实力雄厚的城市居民，不需要对能源价格的上涨过度干预。然而，在共同富裕视角下，消除能源贫困是社会福利项目的重要内容，我们依然需要保障低收入人群的能源消费。因此，在价格调整的同时，可以通过两种思路化暗补为明补，缓解不平等问题。我们以电力行业为例来细化这两种思路。

第一种思路是将能源补贴与"低保"政策相结合，即在能源价格遵循市场机制的基础上对困难人群进行民政补贴。从上述分析可以发现，能源

---

① 蒋竺均. 取消化石能源补贴对不同居民影响具有差异性［N］. 中国社会科学报，2015 - 01 - 20.

消费在富人支出中的占比比在穷人中的占比低，因此对东部地区或城市居民，可以还原能源的商品属性，根据市场价格收取费用，而对西部地区或者低保户，则可直接增加相应的补贴或建立低保户专项。这是一种总额补贴的方式，会使消费者获得更大的福利改进①。具体到电力行业，即改电网补贴为民政补贴，电网不再承担普遍服务的职能，政府将从东部地区或城市居民那里收取的金额转移支付给西部地区或低保户。而具体到天然气行业，北京市已经采取类似的举措，出台了《北京市优抚、低保和分散供养特困人员集中供热采暖补助实施细则》，按低保人员缴纳的采暖费予以补助。这一举措真正实现了让低收入人群受惠的目标。

第二种思路是普遍服务基金与监管会计并行。基金制度是目前国际上公认的有效的解决方式之一②。与许多国家采用的征税或转移支付的方式相比，普遍服务基金制度被证明更加有效率③。设立普遍服务基金允许补贴以另一种方式存在，但是着重将补贴与价格本身分开，一方面能够继续对部分用户、地区和电压级别进行补助，从而发挥电力行业的公益属性并维护社会稳定；另一方面可以充分还原电力的商品属性，发挥价格在电力市场上的信号作用，为供给方与需求方反映真实的电力市场供需。此外，在解决了交叉补贴问题后，通过普遍服务基金的形式能够维持我国电力的普遍服务，确保公共服务和基础设施的均等化。然而，设立普遍服务基金后，也需要尽早建立一个独立于受益方与资金筹集方的监管会计制度，对基金的筹集、分配、使用进行监管和记录，确保资金落到实处。

---

① 具体解释见本章专栏"价格补贴和总额补贴的福利改进分析"。
② 蔡建刚. 我国电力普遍服务研究进展及关键问题 [J]. 华北电力大学学报（社会科学版），2014（2）：32-37.
③ 齐新宇. 普遍服务与电力零售竞争改革 [J]. 产业经济研究，2004（2）：38-44.

我们以电力行业为例深入探讨普遍服务基金与监管会计并行的设计思路。

(一) 基金征收主体

国际经验包括向电力用户在价格之外征收、向电力企业征收，以及通过一般税收征收。在选择征收主体时，应考虑对用户行为的影响、对企业行为的扭曲以及对社会与经济的影响。因此，仍需要电力企业对发电和输配电成本进行核算。考虑到未来交叉补贴可能在较长时间内仍然存在，选择征收主体时应确保资金来源稳定。还需进一步明确自备电厂、增量配电网承担电价交叉补贴的责任和方式。

总结来看，普遍服务基金的来源主要有以下四种：第一，国家财政资金。在邮政行业，比利时、瑞典、荷兰等欧洲国家指明基金来源仅限于国家财政资金，然后直接补贴给政府指定或立法指定的具体承担邮政普遍服务的企业。这种征收方式的缺点在于受限于国家立法，如果没有授权邮政企业进行征收，则只能由政府进行征收。第二，电力用户缴纳。可向不同的电力用户征收普遍服务基金。以美国为例，各州筹集普遍服务基金的方法是，居民用户每月除应缴纳的电费外还会缴纳一部分不变金额，商业及工业用户则按照应缴电费上缴普遍服务基金。第三，各主体共同缴纳。征收对象可以由不同的主体组成，可以包括国家财政、电力运营商和电力用户。第四，企业内部缴纳。企业内部将交叉补贴转化为电力普遍服务基金，可直接将"暗补"转为"明补"，但需要确保基金账户独立于电力业务。这一方式的优点在于可将基金进行对外投资获取收益，而不是仅限于补贴亏损。

(二) 基金规模

确定基金规模的前提是明确未来交叉补贴的对象。考虑到全国范围内已经解决了无电人口的用电问题并进行了多轮农网改造,基本解决了居民"用不上电"的问题,下一步应重点解决部分居民"用不起电"的问题。这部分居民主要是居住在老少边穷地区的低收入群体,需要重点关注。我国大部分贫困县集中在西北和西南地区,包括甘肃、青海、云南、四川、贵州、新疆、陕西等地,这些地区大部分为革命老区、少数民族自治地区、陆地边境地区和欠发达地区,居民的收入水平很低、电价可承受能力最弱;同时这些地区的电网建设成本与输配电成本较高,是补贴力度最大的地区。因此,电力普遍服务基金的规模应至少满足这些地区的居民电价补贴需求,确保实现老少边穷地区居民"用得起电",为这些地区的居民提供的补贴总额即为未来普遍服务基金的规模。

我们使用各地区拉姆齐电价估算值、历年《中国住户调查年鉴》与《中国农村住户调查年鉴》数据估算了目前老少边穷地区的贫困居民的全年生活用电总量。2018年全国832个贫困县的贫困人口数量为733万人,全国居民全年人均用电量为508.41千瓦时,老少边穷地区的贫困人口的全年用电量约为37.27亿千瓦时。考虑到这些地区贫困居民电力消费低于地区平均水平,全年生活用电量应不高于这一估算值。如果免去贫困居民的电费并确保实际支付电价为拉姆齐电价,则给每个贫困居民的补贴额即为拉姆齐电价本身。因此,使用拉姆齐电价、贫困人口数量以及地区人均用电量数据可估算普遍服务基金的规模为4.02亿元。

(三) 监管下的普遍服务基金

我国电价交叉补贴数额庞大,普遍服务基金的规模也相应较大。因此，对基金的筹集、分配、使用的监管是重中之重。监管会计有助于使普遍服务基金的账户独立于其他业务，更加精准地衡量基金规模并有效落实到对应用户。建立监管会计制度是电价监管的客观需要，是维护电力市场秩序的必然要求，也是履行其他电力监管职能的重要依据。

电力行业监管会计制度这一理念，是立足于电力行业和会计这两个领域来阐述监管问题的。这一理念的提出主要是基于以下两个层次的逻辑关系：一是电力行业和信息披露制度的血缘关系；二是信息披露制度和会计信息的天然联系。就血缘关系而言，电力行业中的信息包括发电成本、输配电成本、购售电价格、电量、供求关系、网损、输电网络阻塞状况和机组检修情况等各种信息。这些信息以及披露这些信息的制度深深地影响着电力行业的市场效率、监管成本和市场公平性。可以说，信息在电力行业的运作和监管作用的发挥过程中处于中枢地位，这正是电力行业和信息披露制度的血缘关系。就天然联系而言，无论是从发电企业的信息披露来看，还是从电网企业的信息披露来分析，抑或是从电力交易环节的监审来看，会计信息在整个信息披露制度中都处于极其重要的地位，尤其是在成本披露中，处处都凸显出会计信息的重要性。从某种意义上说，正是对电力企业业务成本对象和项目、科目设置以及成本报表进行规定并且覆盖与定价有关的资产、资本性支出等的会计信息最终影响和决定了电力价格。这便是信息披露制度和会计信息之间难以割裂的天然联系。

价格补贴和总额补贴的福利改进分析

我们用消费者的效用最大化理论进行福利分析，比较价格补贴和总额补贴两种形式的补贴给消费者带来的效用改进。我们主要关注居民的电力消费，假设居民的电力消费量为 e，居民可能消费的其他所有商品用 x 代表。x 可以看作消费者用来购买其他所有商品的货币，等同于把其他商品的价格设定为 1，电力的价格为 p。在收入水平为 m 的情况下，消费者面临的预算约束（为了便于区分，我们称为"初始预算约束"）为

$$pe + x = m$$

设消费者从电力和其他商品的组合 (e, x) 中获得的效用为 $u(e, x)$。

消费者在满足预算约束 $pe + x = m$ 的所有商品组合 (e, x) 中选择能使个人效用最大的组合：

$$\max u(e, x)$$

$$s.t.\ pe + x = m$$

设在初始预算和电力价格 p 的约束下，消费者效用最大化的消费选择为 (e^0, x^0)。约束条件下的最优化问题的拉格朗日方程如下：

$$L = u(e, x) + \lambda(m - pe - x)$$

一阶条件为

$$\frac{\partial L}{\partial e} = \frac{\partial u(e, x)}{\partial e} - \lambda p = 0$$

$$\frac{\partial L}{\partial x} = \frac{\partial u(e, x)}{\partial x} - \lambda = 0$$

$$\frac{\partial L}{\partial \lambda} = m - pe - x = 0$$

最优解 e^*、x^* 和 λ^* 都是关于 p 和 m 的函数 $e^*(p, m)$、$x^*(p, m)$ 和 $\lambda^*(p, m)$，此时消费者获得的效用为 $v(p, m) = u(e^*(p, m), x^*(p, m))$。

设在初始的价格 p 和收入 m 下，消费者的最优商品组合为 (e^{0*}, x^{0*})，如图 5-5 中的 A 点所示。(e^{0*}, x^{0*}) 满足以下两个条件：

$$pe^{0*} + x^{0*} = m$$

$$\frac{u_e(e^{0*}, x^{0*})}{u_x(e^{0*}, x^{0*})} = p$$

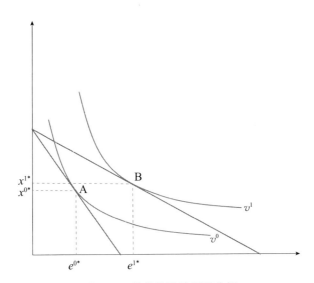

图 5-5　价格补贴的福利分析

消费者获得的效用水平为 $v^0 = u(e^{0*}, x^{0*})$。

第一个条件表示，商品组合 (e^{0*}, x^{0*})（对应图中的 A 点）满足初始预算约束，该点在初始预算约束线上；第二个条件表示在最优点 A，初始预算约束线与无差异曲线 v^0 相切，消费者获得初始预算约束下的最大效用 v^0。

1. 补贴方式1——价格补贴

假设电价优惠 Δp，消费者的收入保持为 m，在新的电价 $p - \Delta p$ 下，消费者的预算约束变为

$$(p - \Delta p)e + x = m$$

如图 5-5 所示，电价优惠使消费者的初始预算约束线围绕与纵轴的交点向外旋转。电价降低后，设消费者效用最大化的消费选择变为 $(e^{1*},$

x^{1*})，$e^{1*} = e^*(p - \Delta p, m)$，$x^{1*} = x^*(p - \Delta p, m)$（对应图中的 B 点），$(e^{1*}, x^{1*})$ 满足以下条件：

$$(p - \Delta p) e^{1*} + x^{1*} = m$$

$$\frac{u_e(e^{1*}, x^{1*})}{u_x(e^{1*}, x^{1*})} = p - \Delta p$$

消费者获得的效用水平为 $v^1 = u(e^{1*}, x^{1*})$。

优惠电价下的预算约束使消费者能够达到更高效用水平的无差异曲线 v^1，消费者的福利提升，此时优惠电价政策的补贴资金规模为 $\Delta p e^{1*}$。

2. 补贴方式 2——总额补贴

假设将相同规模的补贴资金一次性给予消费者，消费者可以在电力和其他商品之间自由支配。消费者的新的预算约束如下：

$$pe + x = m + \Delta p e^{1*}$$

和初始预算约束相比，总额补贴相当于保持预算线的斜率不变，将初始预算线向外平移。消费者在新的收入水平下效用最大化的消费选择为 (e^{2*}, x^{2*})，$e^{2*} = e^*(p, m + \Delta p e^{1*})$，$x^{2*} = x^*(p, m + \Delta p e^{1*})$（对应图 5-6 中的 C 点）。消费者获得的最大效用为 $v^2 = u(e^{2*}, x^{2*})$。(e^{2*}, x^{2*}) 满足以下条件：

$$pe^{2*} + x^{2*} = m + \Delta p e^{1*}$$

$$\frac{u_e(e^{2*}, x^{2*})}{u_x(e^{2*}, x^{2*})} = p$$

3. 比较 v^1 和 v^2

由于消费选择 (e^{1*}, x^{1*}) 也满足总额补贴下的预算约束 $pe + x = m + \Delta p e^{1*}$，因此，优惠电价下的消费选择 (e^{1*}, x^{1*}) 也是总额补贴时消费者能支付得起的可选的商品组合。但是，(e^{2*}, x^{2*}) 才是总额补贴时能使消费者

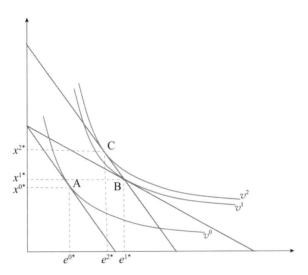

图 5-6　价格补贴与总额补贴的福利分析

效用达到最大的最优解，消费者从 (e^{2*}, x^{2*}) 获得的效用水平 v^2 一定大于消费者从 (e^{1*}, x^{1*}) 获得的效用水平 v^1。

从图形来看，总额补贴的预算约束线穿过了优惠电价下消费者最优选择 (e^{1*}, x^{1*}) 所在的无差异曲线 v^1，因此，总额补贴的预算线能使消费者获得更高的效用水平（即 v^2）。所以，从效用提升的角度衡量，在补贴资金规模相同的情况下，采用总额补贴形式能使消费者获得更大的福利改进，进而提高补贴资金的效率。

第六章

构建支撑社会主义现代化建设的新型能源体系

远景目标与"双碳战略"协同下能源
转型的基本思路

在 2035 年远景目标和"双碳战略"下，我们认为新型能源体系的建设应该分为两步走：一是改革，改革能源市场体制，改革政府的政策制度，以提升能源市场的效率；二是取舍，在三大目标构成的能源不可能三角中进行选择，尽可能满足公众和政府的需求（见图 6-1）。

在第一步即改革中，一方面，要在可竞争的领域中让市场发挥决定性作用。首先，继续推进能源市场化改革，放开市场准入限制，在可以竞争的领域，让企业自由进入；其次，政府在竞争性领域放开各种价格管制，并提升对价格波动的容忍度，让企业相互竞争决定价格水平。另一方面，要在垄断领域用好"政府之手"。对于自然垄断领域，如电网和城市燃气，要加强监管，使用激励性监管等多种手段，从监管体系的科学建设和监管能力的有效提升两方面提高政府的监管能力；对于上下游的竞争性领域，应在促进全国统一市场建设的同时，加强对市场势力的识别、防范和抑制等事后反垄断措施，同时放弃价格管制等扭曲交易市场的手段，确保能源市场健康平稳运行。

但即使完成了这一步改革，整个能源经济体系达到了效率前沿，我们也仍然可能面临目标之间相互制约的问题。因此需要在第二步即取舍中辅以重大的配套措施，例如通过征收碳税实现"三重红利"，在还原能源的商品属性的基础上缓解不平等的问题等。同时，还需要从用能大国的角度推进全球协同，积极促成国际合作。

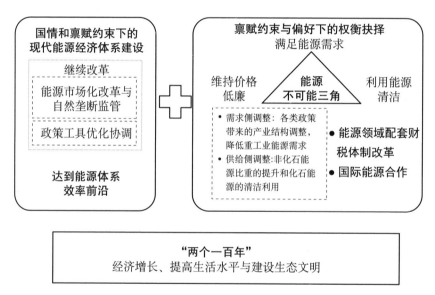

图6-1 新型能源体系建设路线图

对于各地区来说，确定具体时间表时需要因地制宜。制造业作为经济增长的引擎，是碳排放的第一大来源，制造业的发展路径会同时对经济增速和环境改善造成影响。考虑到这种双重效应，我们提供一种地区划分的可行思路，即按照城市制造业变化趋势以及经济发展水平进行分类，并依据以下三个原则设定转型的先后顺序：（1）尊重制造业比重演变的倒U形规律；（2）保持制造业比重整体稳定；（3）经济发达城市优先承担降碳任务。具体时间表如表6-1所示，经济发达且制造业处于下降阶段的地区需要更大程度地放开市场，还原能源的商品属性，而经济落后、亟待发展的地区应被允许保留碳排放权，碳税等配套政策可以由浅入深地逐步推进实施。当然，这只是一种可选方案，也有学者按照低碳潜力型城市、低碳示范型城市、人口流失型城市、资源依赖型城市和传统工业转型期城市等标准进行划分①，究其根本，还是要根据地区特征合理设计能源体系建设的具体策略。

表 6 - 1　双重目标下各地区能源转型的可行时间表

制造业比重变化趋势	经济发展水平	转型顺序建议	典型城市	原因
下降	高	1	山东省烟台市湖北省武汉市江苏省苏州市	成熟型的去工业化，去工业化过程自然伴随降碳，达峰难度最小
下降	中	2	河南省周口市四川省宜宾市河北省承德市	去工业化相对较早，且尚未达到高收入水平，应合理控制制造业比重下降的速度
上升	高	3	浙江省台州市山西省太原市湖北省襄阳市	已达到高收入水平，制造业比重虽然仍处于上升趋势，但拐点即将来临
上升	中	4	河南省漯河市云南省曲靖市陕西省延安市	尚未达到高收入水平，制造业比重上升空间仍然较大
上升	低	5	安徽省六安市辽宁省丹东市四川省达州市	经济发展水平低，处于工业化前中期，仍需要较长时间完成工业化过程，降碳难度大
下降	低	6	辽宁省铁岭市吉林省四平市山西省临汾市	虽然制造业比重已经开始下降，但属于过早的去工业化，对经济增长产生了不利影响，实现稳定制造业比重和促进地方经济发展都要求这类城市重新推进工业化，因此其达峰时间最晚

---

① 郭芳，王灿，张诗卉．中国城市碳达峰趋势的聚类分析 [J]．中国环境管理，2021，13（1）：40－48．

| 第二节 |

建立能源领域"市场之制"

推进能源市场化体制改革，是建设现代能源经济体系基本的一环。能源市场可以还原能源的商品属性，使能源价格释放正确的信号，使能源交易规模契合经济社会发展的需要。

一、电力体制改革往哪走

电力行业作为我国经济发展的"排头兵"，其发展思路、发展方向攸关我国经济运行的质量、效率以及可持续性。电力体制改革要以"创新、协调、绿色、开放、共享"五大发展理念为总纲领，加快构建有效竞争的市场结构和市场体系，形成由市场决定能源价格的机制，转变政府对能源的监管方式，建立健全能源法制体系，在提升电力行业效率的同时保障民生。

在改革过程中，要关注以下几个目标。一是确保电力供应的实时平衡、稳定运行和安全可靠。要确保电力供给满足我国全社会不断增加的电力需求，缓解可再生能源发电占比不断上升带来的冲击，增强电力供应的安全可靠性，这对安全电网的建设提出了更高的要求。二是多措并举提升发电效率，降低生产成本。要安排大容量、低能耗机组多发电，关闭供电煤耗高、供电能源效率低的"落后"电厂，严格淘汰落后产能，让高效率企业发电，从而有效地推动整个电力行业的平均供电煤耗水平降低。三是保障民生，保证偏远地区的电力投资激励。我国区域发展不平衡，解决偏远地区用电问题任务重、难度大，在新一轮电改"管住中间、放开两头"的体制构架下，电网企业在偏远地区的投资激励较弱，因此应秉持效率优先的原则，将普遍服务义务合理分担至不同地区。

我国的电力市场应逐步实现发电、输电、配电、售电的合理有效分离，使电力建设和运营成本透明公开，促进资源有效配置并形成合理的定价方式。在电力市场结构改革的过程中，首先要有效地区分竞争性业务和非竞争性业务。竞争性的业务，即发电、配电、售电环节，要充分地引入竞争，打破垄断；非竞争性的业务则要加强公平接入与科学有效的监管，即在输电这一环节严格核定成本，建立以成本加准许收益为核心的科学合理的输电价体系。未来我国的电力市场应具有以下五方面的特征：一是独立的调度和交易机构。将调度职能从目前的电网企业分离出来，建立由国家和主要电力市场主体参与的调度体系，并由电力监管机构监管；在调度独立的基础上设立五个层级，分别是国家调度协调中心、各电网区域内的调度机构、各省（区、市）的电力调度机构，以及负责地市和县域内配电网的地市调度机构和县域调度机构；在下游建立独立的电力交易体系，探索构建全国性的电力交易中心协会，更好地服务跨区域、跨省电力交易，以市场交易作为调度约束，最大化电力市场的社会收益。二是有效分离的输配电业务。输配电业务不仅要做到财务分离或功能分离，更应实现法律分离，并逐步实现产权分离，即随着输配环节成本独立核算的推进、输电和配电相应的定价机制的建立以及配电网侧运营权的放开，逐步分离输电网与配电网的业务与资产，建立独立的输电和配电公司。三是以集中交易为主的市场竞争模式。注重符合电力系统运行的物理规律，重点关注其对于系统安全、供需平衡与市场平稳运行的保障，引入科学的成本核算机制和市场势力规避机制，以确保市场的有序竞争，并建立有效保障市场成员合理收益的机制；采取以集中交易为主导的市场竞争模式，以调度交易机构统一管理为基础，对发电实行统一调度。四是竞争性的辅助服务市场，包括调频、调峰、运行备用市场等，提高系统整体效率，满足系统实时平衡和安全调度的要求。五是竞争开放的售电市场。在售电服务环节，按照电压等级和用电容量分阶段从大用户开始逐步放开用户选择权，电力大用户可以直接参与电力交易所交易或以双边合同的方式购买电力，电力小用户可以在零售市场上选择自己满意的零售商进行签约。与此同时，未来电力市场的建设必须打破省级壁垒，大范围配置电力资源，如建立省（区、市）际电力市场、统一制定交易规则、统一进行电力电量交易。

二、石油开放改革方向

在经济新发展格局下，继续推动石油领域改革，全面发挥价格在行业中的调节、信号和分配作用，具有重要的意义。石油市场改革将促进产业平稳转型，促进市场有序竞争和收入合理分配。

近几年来，我国成品油销售市场出现了较为明显的价格偏离情况，实际售价与最高限价之间的差异逐年扩大，价格管制作用有限。且随着全球原油资源供大于求、价格持续走低，我国油气市场供需压力有所下降，成品油市场整体供大于求，最高限价的变化与市场供需脱钩，信号功能缺失，价格管制不再适应市场需求。同时，从实际情况来看，我国成品油竞争性市场已经基本形成，上游环节已经放开，原油进口权逐步向民营企业开放，国内外两个市场连通，下游环节的竞争主体增加，市场集中度下降。市场的竞争属性增强，市场实际形成的价格更能够反映企业成本。此外，目前我国石油对外依存度大，进口集中度高，来源地稳定性不足，运输通道面临海盗、竞争等风险，而国际油价整体偏低，成品油定价全面放开的系统性风险较小，是推进成品油价格市场化的有利时机。

石油领域的基本改革方向是放开原油进口权，扩大零售市场竞争规模。上游放开原油进口权，批准民营企业获得原油进口配额，提高地方炼厂生产的成品油在市场中的占比，则市场价格就能够更好地反映真实成本，从而也就能更好地发挥市场信号功能。因此，需要在考虑战略储备等因素的基础上，进一步有效放开第三方原油进口，保证市场有效竞争。中游鼓励炼化环节在竞争中提升效率，不断发展地方炼油企业，降低全国范围内的市场集中度，增强石油领域的竞争性，释放更多消费者剩余，同时刺激国有石油企业加强创新、提升效率。下游以省级市场为单位放开价格管制，尝试放开政府指导价和放松国内成品油与国际油价挂钩的标准，允许企业自行定价，使成品油价格反映省级市场的供需环境、竞争状况以及真实成本，释放正确的价格信号。在成品油价格改革过程中，要因时而动，可以采用"先试点后推进"的渐进方式，也要考虑未来发展中可能出现的特殊情况，做好预防工作。同时，要加强监管，发挥好政府部门的监管和调节作用，避免企业合谋等行为出现，防范风险。

三、天然气市场改革重点

有效的天然气市场体现在以下三个方面：一是上游市场完全市场定

价。我国上游天然气市场需要在供给侧增强竞争，在需求侧理顺价格传导机制。由于我国天然气进口无配额限制和贸易权限制，公平准入的第三方输气服务及天然气市场需求的快速增长会使得更多市场主体参与提供天然气供给。应取消现行的门站价格，减少政府相关部门制定和调整门站价格的工作量并消除由此可能给市场带来的扭曲。推动供需双方在全国性油气交易中心通过竞争性交易形成标杆价格，允许供需双方根据市场状况自发形成有效率的市场价格，有利于相关监管部门对交易信息进行实时监督，对潜在的影响市场公平的行为进行快速识别和干预。二是独立开放准入的管道设施。天然气管道运输业务属于自然垄断业务，应当在政府严格监管下通过成本监审定价并向第三方开放输气服务。管道独立性是确保向第三方开放的前提，上游供应商应剥离输送管道资产，城市燃气公司应剥离配气资产。三是在售气市场引入竞争，取消非居民对居民的交叉补贴。售气业务与气源供应和管道运输分离，防止气源企业在大用户市场上利用气源和管道运输优势锁定用户。售气业务与配气业务分离，城市燃气售气业务不属于特许经营范畴，防止城市燃气公司利用配气网络垄断捆绑售气业务。允许用户在多家售气公司中自由选择。对于非居民用户，售气公司可以通过从气源企业购买天然气，支付管道运输和配气价格获取输配服务，最终将天然气提供给用户。对于居民用户，取消以往城市燃气以非居民供气业务获得的超额利润对其居民供气业务进行的交叉补贴，取消非居民供气与居民供气价格双轨制，实现居民用气平均价格反映供气成本，在居民内部实现交叉补贴。此外，我国天然气仍存在长输管网设施的建设和利用存在壁垒、省级管网利用率不足、城市燃气公司问题集中等改革难点，需要在未来逐步解决。

用好能源领域"政府之手"

一、新征程中政府与能源市场的关系

能源市场中，政府要更好地发挥作用，就需要明确政府和市场的边界。政府不宜管得过广，不能对市场干预过度，不能违背价格调节规律，要还原能源的商品属性；但也不能一放到底，能源商品的特点决定了能源市场很容易产生自然垄断和市场势力，这时就需要"政府之手"弥补市场失灵。因此，在能源市场中，政府要发挥好以下四方面的作用：

一是做好竞争性行业的监管，强化反垄断能力。以电力市场为例，电改9号文提出要"管住中间、放开两头"，其中"放开两头"就是指要在发电侧建立交易市场，放开售电环节竞争，引入竞争机制。但是"放开两头"不等于放任不管。事实证明，只要政府不监管，发电企业利用市场势力串谋操纵价格的行为就会立刻出现，限制并阻碍市场的有效竞争。我国煤炭、成品油和天然气领域正在建设竞争性的能源市场，强化反垄断能力迫在眉睫。强化反垄断能力需要政府加强机制设计和统筹安排。首先，要设置市场势力的识别机制，加强对市场结构的分析，准确测算市场集中度，确定判断存在滥用市场势力的行为的方法和参数。其次，要设计全面规范的市场机制，加强监管能力建设，升级完善监管体系，要求国家发展改革委和国家反垄断局全面介入和监管竞争性能源市场。同时，要建立健全市场相关法规条例，加大普法宣传力度，严格执法、合理处罚，要让利益相关方加强法务学习，覆盖所有地区，覆盖全部所有制类型的企业，覆盖所有的经济活动。

二是加强自然垄断行业监管。我国能源市场中自然垄断行业主要指电网和城市燃气管网。大量研究已经表明，鉴于自然垄断行业的特征，如果不对其进行监管，则容易出现 A-J 效应、X 非效率和价值转移等问题。因此，针对现代能源市场，政府除了要在竞争性能源市场上进行反垄断监管之外，还应该注重对自然垄断行业进行监管，并且要依据改革进程，及时调整监管措施，保证采用科学、有效、先进的监管手段。我国目前对自然垄断行业的监管主要采取收益率管制的方法。对电网和城市燃气公司实施成本加成定价，并实行监管，以期达到提升效率的目的，获取改革红利。为确保自然垄断市场在政府监管之下有效运转，电网和城市燃气管网市场的改革不能"一改了之"，而应当从监管体系的科学建设和监管能力的有效提升两方面强化政府的监管能力，不断提升科学监管的水平。在下一个监管周期可以尝试标尺竞争等更为先进的激励性管制方法。

三是能源产业政策坚持"谁请客谁买单"的原则。现代能源市场的发展和完善需要政府用好产业政策工具，政府要承担制定和协调能源产业政策的职能。对于当前能源市场来说，产业政策的重点在于完善能源补贴机制。近年来，我国加大了对可再生能源发展的财政补贴和税收优惠力度。值得注意的问题是，现行新能源产业政策主要通过保证水电、风电和核电等新能源发电企业的上网价格来实现，这种通过价格保证的方式推进的产业政策实际上是由电网来买单。而电网为了弥补因新能源产业政策而遭受的损失必然会提高在火电等传统发电行业所产生的利润。这种对新能源行业的补贴全部由电网买单的产业政策实际上造成了对电力市场价格机制的扭曲。为了全面推进能源价格的市场化改革，需要减少产业政策对能源市场的扭曲。可行的方式是做到"谁请客谁买单"，将对新能源行业的补贴从价格机制之中剥离出来，通过设立专项基金等方式对新能源企业直接进行补贴。除此之外，政府产业政策应该促进能源供应的多元化，开放市场，提高能源品之间的竞争程度。政府不应借助产业政策工具保护低效率的电力或者煤炭产能，这样不利于化解产能过剩问题，也不利于长期经济发展。

四是确保国家能源战略储备，保障能源供应安全。目前我国石油和天然气对外依存度较高，这是短期内无法改变的国情。要建立科学的能源储备制度以降低储备成本，尽快达至合意的储备规模。首先，需要选择合适的补仓策略以降低成本。以石油为例，当前国际油价持续低迷，补仓成本较低，是扩大储备规模的合适时机。另外，中东和北非地区的动荡局势在未来能否缓解仍然未知，因此有必要尽快提高石油储备规模，加强对未来可能的供应中断风险的防范。其次，做好紧急情况下储备释放的预案设计。怎么把建立的能源储备在紧急情况下有效地"用"起来，最大限度地发挥其稳定市场、平抑价格的作用？这需要未雨绸缪，对释放储备的触发条件做出规定，且对不同情况下释放的储备量也需要做出一定的安排。此外，还应加强与能源进口国的合作。战略能源储备的政策制定中存在搭便车问题，单个国家储备的激励低于社会最优。要解决搭便车问题，有赖于能源进口国之间的协调与合作。我国需要摆正自身作为能源进口大国的定位，主动建立与美、印、日、韩等国家的能源联盟。最后，注重与其他能源安全政策的互动。除了战略能源储备之外，其他一些有助于降低能源需求、增加能源供给的政策同样可以加强能源安全。例如，节能政策可在提高能源利用效率的同时降低对能源的需求和依赖，从而有助于缓解战争、自然灾害等发生时的供应短缺，减小其对经济和社会的影响和冲击。有必要把能源储备与其他能源安全政策结合起来，发挥长期政策和短期政策的优势，全方位保障紧急情况下的能源供应安全。

二、改革能源领域"央地关系"

就在能源市场更好地发挥作用而言，相比地方政府，中央政府更有优势，因此应该由中央政府统筹能源领域。与其他产品市场相比，能源市场存在以下七个主要特点：第一，外部性问题明显。如果采取分权的方式对能源市场进行监管，那么可能产生地方政府"向下竞争"的激励，将污染成本转嫁给其他地区。例如，地方政府为争夺投资竞相降低能源品生产过程中的环境标准，从而有损社会整体福利。第二，产品间差异性较小。各能源品之间存在较强的替代性。一方面，这种同质化市场容易形成串谋，因此政府的反垄断介入至关重要；另一方面，产品本身的差异小以及地区间用能模式相近会削弱分权监管有利于满足差异性偏好的优势。第三，能源市场中带有自然垄断特点的行业监管成本高。能源市场的各个环节几乎都需要政府的有效监管，监管成本和技术难度都较高。如果将对自然垄断进行监管的职能下放给地方政府，则各个地方政府都需要建立专业的监管体系，势必提高总监管成本。第四，能源市场划分和地理划分不一致。能源市场很多情况下都是区域性市场，而非仅仅覆盖某一省（区、市）。能源市场实际上不满足奥茨分权定理的有限范围条件。这不仅是因为其会通过环境负外部性的方式影响相邻地区，还因为其规模往往大到直接覆盖多个地区。这就意味着地方政府难以对区域性的能源市场进行监管。第五，能源企业的资产属于重资产和专用性资产，而且沉没成本较大。这意味着能源企业在地区间和行业间的流动性较差。与此同时，国际监管经验表明，对专用资产的监管更适合由中央政府来进行。第六，能源属于涉及国家安全的战略性行业，且能源市场具有全球市场的特点。这一点与国防、外交等公共物品的提供类似。应当由中央政府承担能源安全和能源战略储备的职能。第七，企业规模大，政治势力强。在我国，能源市场的参与企业很多由中央政府控制，拥有较大的经济规模和较强的政治势力。地方政府通常难以对这些大型集团进行有效的监管，并且反而容易形成合谋。

第四节

实现碳减排与能源转型的平稳过渡

一、碳税"双重红利"

在经济学中，纠正负外部性的经典工具之一是庇古税，在应对气候变化和二氧化碳减排的政策安排中，合理征收碳税并辅以配套的财税政策能够实现"双重红利"。"双重红利"的概念源自对环境税的分析。环境税的

"双重红利"是指：一方面，征收环境税可以将环境污染的外部成本内部化，降低污染水平，改善环境质量，从而增加社会福利，即"绿色红利"；另一方面，环境税的税收收入可以为其他税种提供降税空间，降低税收对资本、劳动等市场产生的扭曲，提高劳动、资本的供给水平，降低税收造成的无谓损失，增加社会福利，即"蓝色红利"。

与环境税类似，碳税也具有"双重红利"：其一是可以纠正碳排放负外部性导致的市场失灵，降低碳排放水平，实现碳减排目标，我们称之为"减排红利"；其二是开征碳税后，财政税源增加，在保持财政收入不变的情况下，碳税的征收为其他税种的降税提供了空间。将征收的碳税以其他税种（企业所得税、增值税、个人所得税）返还的形式等额补贴给企业，这种税收返还的配套政策能够降低其他税种对劳动、资本市场造成的资源配置扭曲和无谓损失，提高社会总体福利；更重要的是，还能够有效降低碳税对企业和家庭带来的冲击，从而为碳减排的成本收益再分配提供有效的政策工具，以补偿和平衡碳中和对不同行业、不同群体造成的影响。

碳税的征收会提高高碳投入品和高碳消费品的相对价格，引导社会减少对高碳商品的使用和消费，从而减少二氧化碳排放。对企业而言，高碳投入品（例如化石能源）相对价格的提高，在利润最大化和成本最小化的目标下，会引导其相应地减少高碳能源品的使用量，提高能源效率，从能耗高、碳排放高的粗放式生产模式逐渐转向依靠技术手段提高产品竞争力的生产模式。这种生产投入组合的结构性调整也有利于企业的长期发展。对家庭而言，在效用最大化目标和预算约束下，随着高碳能源品和高碳商品相对价格的提高，消费组合中的高碳产品和服务减少。（关于碳税和税收返还如何改变企业的投入品组合和家庭消费品组合的经济学分析详见本节专栏 6-1。）

碳税和税收返还如何改变企业的投入品组合和家庭消费品组合

1. 企业的投入品组合选择

我们用生产者成本最小化理论研究碳税对企业投入品组合选择的影响。

假设企业生产所需的投入品有两类：一类是高碳投入品（用 e 表示）；另一类是其他投入品（用 k 表示）。其他投入品的价格标准化为 1，高碳投入品的相对价格为 p。设企业的生产函数为 $q = f(e,k)$。

企业在产量约束 $f(e,k) \geq q_0$ 下选择能使成本最小的投入品组合，即

$$\min pe + k$$

$$s.t. \, f(e,k) \geq q_0$$

最优的投入品组合 (e^*, k^*)（在图 6-2 中表示为等产量曲线上的 A 点）满足下式：

$$\frac{f_e(e,k)}{f_k(e,k)} \Big|_{(e^*,k^*)} = p$$

对每单位高碳商品征收 t 单位的碳税，在新的投入品相对价格下，成本最小化的投入品组合 (e^{**}, k^{**})（在图 6-2 中表示为等产量曲线上的 B 点）满足下式：

$$\frac{f_e(e,k)}{f_k(e,k)} \Big|_{(e^{**},k^{**})} = p+t$$

在碳税征收前后，企业生产同等数量的产品所使用的投入品组合发生了调整，高碳投入品的使用量减少（$e^{**} < e^*$），而其他投入品的使用量增

加了（$k^{**} > k^*$）。

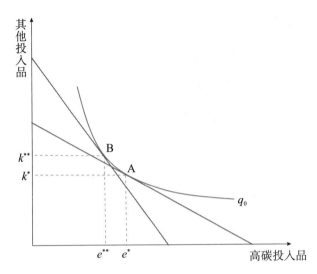

图 6-2　征收碳税前后企业成本最小化的投入品组合选择

2. 家庭的消费品组合选择

用消费者效用最大化理论比较征收碳税及税收返还政策下家庭的消费品组合所发生的变化。设家庭的效用函数为 $u(e,x)$，家庭消费两种商品：一种是高碳消费品（用 e 表示）；另一种是其他消费品（用 x 表示）。把 x 的价格标准化为 1，高碳消费品的相对价格为 p。在收入水平 m 的约束下，家庭选择能使效用最大的消费组合，约束条件下的目标函数最大化问题可表示为

$$\max u(e,x)$$

$$s.t.\ pe + x = m$$

最优的消费组合 (e^*, x^*)（在图 6-3 中表示为 A 点）满足以下两个条件：

$$pe^* + x^* = m$$

$$\frac{u_e(e,x)}{u_x(e,x)}\bigg|_{(e^*,x^*)} = p$$

第一个条件表示，家庭选择的消费品组合 (e^*,x^*) 必须满足预算约束，即该点在初始预算约束线上。第二个条件表示在最优点 (e^*,x^*) 处，预算约束线与无差异曲线相切，即通过该点的无差异曲线的斜率等于预算约束线的斜率（即 $-p$），消费者获得的效用水平为 $u_0 = (e^*,x^*)$。

假设对每单位高碳消费品 e 征收 t 单位的碳税，然后将征收的碳税全额返还。家庭在进行商品组合选择时面临的新的预算约束如下：

$$(p+t)e+x = m+te$$

约束条件下的目标函数最大化问题可表示为

$$\max u(e,x)$$

$$s.t.\ (p+t)e+x = m+te$$

在新的预算约束下效用最大化的选择为 (e^{**},x^{**})（在图 6-3 中表示为 B 点），它必须满足以下两个条件：

$$(p+t)e^{**}+x^{**} = m+te^{**}$$

$$\frac{u_e(e,x)}{u_x(e,x)}\bigg|_{(e^{**},x^{**})} = p+t$$

第一个条件表示最优消费组合必须满足新的预算约束，即处于新的预算约束线上。第二个条件表示通过 (e^{**},x^{**}) 点的无差异曲线与预算约束线相切，即无差异曲线在该点处的斜率为 $-(p+t)$。消费者此时获得的效用水平为 $u_1 = (e^{**},x^{**})$

值得注意的是，征收碳税前家庭的最优商品组合 A 点 (e^*,x^*) 也满足新的预算约束线 $[pe^*+x^* = m \Rightarrow (p+t)e^*+x^* = m+te^*]$，也就是说，新的预算约束线 $(p+t)e+x = m+te$ 一定通过 A 点 (e^*,x^*)

比较征收碳税和税收返还前后家庭的消费品组合点 A（e^*, x^*）和点 B（e^{**}, x^{**}），可以看到，家庭消费的高碳消费品数量降低了（$e^{**} < e^*$），家庭获得的效用提高了（$u_1 > u_0$）。

通过以上分析可知，征收碳税并将税收收入全额返还给家庭不仅可以降低对高碳消费品的消费，从而降低碳排放，还可以提高家庭的福利水平。

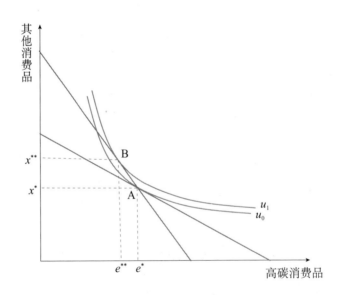

图 6 - 3 征收碳税及税收返还政策下家庭的最优消费品组合

为了控制碳排放，各类减排政策都要求企业和家庭为生产经营活动和日常生活中产生的碳排放付出成本，短期内会给企业和家庭造成较大的冲击。以征收碳税的方式控制碳排放提供了一个有效的缓冲工具。在保持财政总收入不变的情况下，开征碳税为其他税种的降税提供了空间。将与所征收的碳税等额的税收通过其他税种的税收返还或政府补贴等形式返还给企业，可以大幅减小企业所受的冲击。也可以将这部分税收以合理方式进行再分配，平衡碳中和过程中受冲击较为严重的企业，或者用于补贴受影响较大的低收入居民，从而在熨平经济波动、稳定物价水平、保障基本民生的同时，推动"双碳战略"的顺利实施和减排目标的实现。

除了上述双重红利外，与建设碳市场相比，碳税还具有建设成本低的优势。碳税可以直接依托现有税收体系来征收，实施成本较低。通过现有税收体系开征碳税，覆盖范围也较广，可以很好地覆盖到排放较少的小微企业，甚至个人和家庭。征收的碳税进入财政收入后，政府可以统筹用于再分配、促进低碳转型等活动。目前的财税信息系统已基本实现社会全覆盖，与国际碳税系统衔接具备一定条件，有助于在全球框架下推进减排。

在征收碳税的具体实践中，前期可以渐进式推行碳税。在税率的设定方面，初始阶段先设定较低的税率，后期再逐步提高，从而为企业提供合理的调整窗口期，以此降低碳减排对企业的成本冲击。在征收对象方面，可以先对企业生产过程中产生的碳排放进行征税，然后逐步向个人或家庭推广。

二、对能源消费与碳排放指标进行协同管理

建立用能权、碳排放权交易制度是实现碳达峰碳中和的重要举措。2020 年 12 月，中央经济工作会议提出，加快建设全国用能权、碳排放权交易市场，完善能源消费双控制度。用能权交易是在控制区域用能总量的前提下，企业对依法取得的用能总量指标进行交易的行为。碳排放权交易是指企业在碳市场内开展配额和国家核证自愿减排量交易的行为。两种交易制度有着相同的原理，都是对稀缺环境资源的有偿使用。前者通过限定能源消费总量、提高能源使用效率和优化能源结构来控制温室气体产生的源头；后者通过直接限定企业排放温室气体量、降低大气中温室气体浓度

控制温室气体排放的末端。用能权交易作用于能源消费的前端控制，碳排放权交易着眼于温室气体排放的末端治理，是两项并列且互补的节能减排措施，在促进节能减排的过程中具有高度协同效应。

用能权交易和碳排放权交易在覆盖范围、约束对象、配额分配、政策手段等关键问题上存在一定的重叠和交叉。为保证交易的有序开展，充分发挥两个市场并行的协同效应，应对能源消费和碳排放指标进行协同管理、协同分解、协同考核。首先，明确碳排放权配额与用能指标的换算标准。目前我国主要消耗的能源为化石燃料。一般来说，化石燃料消费量越多碳排放量越大，企业在耗能多的同时必定会排放多，化石燃料消费量和碳排放量之间存在互相转换的关系。因此，可以考虑用能指标和碳排放指标以一定形式进行互换互抵，促使企业根据自身情况自由选择交易市场，在不加大节能减排负担的基础上通过市场调节企业的用能行为。其次，建立信息核查和披露平台。提高能源消费与碳排放信息披露的透明度，能够帮助政府、企业和社会公众更好地了解、监测节能减排的进程和效率。建立统一的信息共享平台，制定能源消费量与碳排放量的计算标准、审核流程、数据格式等规范，对相关数据及时披露、报告和储存，不仅有助于政府制定和及时调整配额方案，而且有助于调动企业约束用能行为的主观能动性。最后，理顺标尺竞争机制。可以通过进一步强化相对绩效考核、引入标尺竞争激励来提升各地政府对节能减排工作的重视程度。例如，定期公布能源消费指标和碳排放排名，将考核约束与政治激励挂钩，营造地区间竞争向上的和谐氛围，促进各地政府更好地贯彻中央政府的政策意图，确保用能单位主动在履约期内完成能耗目标，推动全国节能减排绩效实现整体提升。

三、CSG 促进企业向好、向善、向上发展

CSG 是一种关于碳减排、社会和治理如何协调发展的价值观，它将公共利益引入公司价值体系，注重公司发展过程中的价值观和行为，以及由此带来的公司与社会价值的共同提升。其中，C 即 Carbon，指公司应当提升生产经营中的碳减排绩效及环境绩效，降低单位产出带来的碳排放成本及环境成本。S 即 Social，指公司应当坚持更高的商业伦理、社会伦理和法律标准，重视与外部社会之间的内在联系，包括人的权利、相关方利益以及行业生态改进。G 即 Governance，指公司应当完善现代企业制度，围绕受托责任合理分配股东、董事会、管理层权力，形成从发展战略到具体行动的科学管理制度体系（见图 6-4）。

CSG 实践是上市公司贯彻落实新发展理念的适宜工具，有利于促进企业向好、向上、向善发展。CSG 的环境标准有利于企业贯彻绿色和创新发展理念，激励企业加大研发和创新力度，在企业生产和消费过程中注重低碳节能环保，参与社会主义生态文明建设，更好地处理企业发展和自然环境可持续之间的关系。CSG 的治理标准有利于企业贯彻落实创新、协调和开放的理念。完善现代公司治理制度，优化内部管理结构，提高公司治理能力和决策水平，提升公司可持续发展能力和国际竞争力，是融入国际资本市场、适应对外开放的必然选择。CSG 的社会标准有利于企业贯彻、协调和共享新发展理念，承担和落实社会责任，服务于脱贫攻坚、乡村振兴、普遍服务等社会事业，更好地处理经济发展与社会和谐之间的关系，建立健全长效激励约束机制，强化劳动者和所有者利益共享。

具体而言，CSG 实践需从投资选择、资产估值、能力提升三方面展

开。在投资领域，应选择挖掘绿色金融、碳资产等新兴市场，构建绿色业务新增长点，并将投资项目向清洁能源消纳、低碳技术创新、乡村振兴等CSG项目倾斜。要基于CSG视角的成本收益分析框架，对存量资产投资组合进行重新估值，科学布局资产投资组合，协调平衡远期、中期、近期的成本收益，减小碳中和对企业造成的短期冲击。要进一步完善公司CSG信息披露机制，充分利用CSG实践提升公司商誉和股市价值，推动企业在高质量发展的同时提升其价值。能力提升方面，要优化公司治理结构，提高科学决策能力和水平，启动自身碳中和项目，致力于成为碳中和标杆企业，在公司管理层中提高女性、退伍军人、具有驻村经历的脱贫攻坚一线干部等的比例，基于CSG实践促进企业在新阶段、新理念、新格局下高质量发展。

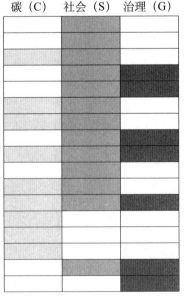

图 6-4 CSG 与联合国可持续发展目标

全球协同推进碳中和

　　气候变化是人类社会面临的共同挑战，减少碳排放已成为国际社会的共识。联合国政府间气候变化专门委员会（Intergovernmental Panel on Climate Change，IPCC）2018 年发布《全球升温 1.5℃特别报告》称，为避免气候变暖的最严重影响，2030 年全球二氧化碳排放量要比 2010 年减少 45％，到 21 世纪中叶全球范围内需要实现净零排放。因此，在能源转型和逐步实现"双碳目标"的过程中，全球协同是必需的。

一、保留"负碳国家"排放权

　　碳排放的一个显著特点是具有时空一致性，历史排放和当前排放、近距离排放和远距离排放，对环境的影响是一致的。由于地球的承载力是有限的，因此整体上全球碳排放空间有限。不少先发国家已经占据大量碳排放空间，完成了能源转型。还未完成转型的后进国家是否还有碳排放空间以实现过渡？这涉及公平问题。我们认为，在人类命运共同体的系统思维下，应将增量碳排放权留给最不发达国家以解决公平问题。有鉴于此，我们需要秉持差异化原则，明确发达国家、发展中国家、最不发达国家这三类主体现阶段的不同处境和相应责任。最不发达国家目前没有解决碳排放问题的能力，但有发展的权利。国际组织、多边开发银行应该允许最不发达国家延长或暂缓电力转型的进程，保有增量碳排放权直到达到人均历史累积碳排放的全球标准。

二、促成多边机构实施"项目碳中和"

亚投行现有 105 个成员，在融资项目建设过程中，将会产生一定量的二氧化碳排放，跨国多边机构本身有责任推进融合项目的碳中和。与项目所在的欠发达国家相比，跨国多边机构具备更专业的知识、更好的调动资源的能力来完成这项工作，在对项目的全生命周期管理中就可以实现碳中和。国际货币基金组织（IMF）等多边机构需要考虑通过绿色项目建设推动全球经济复苏，否则会导致全球绿色项目建设陷入"囚徒困境"，从而挫伤不少国家推进绿色项目的积极性。

三、推动全球能源政策协同

作为世界上最大的发展中国家和碳排放国，中国始终把应对气候挑战放在重要的位置。但我们必须意识到，节能减碳降污与经济发展存在两难抉择。我国仍处于社会主义初级阶段，发展仍然是我们党执政兴国的第一要务。然而，"双碳目标"下电力行业减煤量、关停煤机、提高可再生能源比例等减碳降污的手段可能反过来对增长造成冲击。

在国家层面上，减煤量会对经济活动造成影响。很多经济发展速度较快的省份（如广东、江苏等）的能源消费量也较高。限制生产要素的投入总量和保障经济增速之间存在权衡取舍。在行业层面上，实现"双碳目标"的过程中，不可避免地会带来产业结构调整与升级。在中国仍未完成工业化进程的情况下，高标准的降碳行动会增加制造业成本，导致产业外溢。在企业层面上，关停煤机将大幅降低企业利润。为实现减排目标，很多发电厂选择关停煤机。据环保部统计，2014 年我国有一半以上的火电机组服役时长小于 10 年。若在其正常寿命内将这些机组全部拆除或停产，则会导致巨额的搁浅资产，妨碍企业正常运营。

因此，世贸组织的改革需要就支持应对气候变化达成共识，通过转型为应对气候变化等做出努力的国家应获得一定的豁免，不能让一些国家和地区一边积极应对气候变化，一边受到惩罚，如对中国光伏组件等绿色产品的"反倾销"就属于不合理的惩罚。除此之外，世贸组织应着力推动各国在碳税等方面的协同，避免因我国单独实行高标准降碳行动导致在全球贸易体系中遭受隐性惩罚。

参考文献

［1］蔡建刚．我国电力普遍服务研究进展及关键问题［J］．华北电力大学学报（社会科学版），2014（2）：32－37．

［2］陈文颖，滕飞．国际合作碳减排机制模型［J］．清华大学学报（自然科学版），2005（6）：854－857．

［3］陈占明，张晓兵．改革中的中国天然气市场：回顾与展望［M］．北京：中国社会出版社，2018．

［4］段宇平，吴昊．中国全球能源投资分析［J］．中外能源，2015（3）：9－15．

［5］冯升波，杨宏伟．发达国家应对气候变化政策措施对我国的影响研究［J］．中国能源，2008（6）：23－27．

［6］郭春娜，陈春春．制造业全要素生产率的差异性研究：基于制造业规模分布及其变化［J］．价格理论与实践，2018（12）：143－146．

［7］郭芳，王灿，张诗卉．中国城市碳达峰趋势的聚类分析［J］．中国环境管理，2021，13（1）：40－48．

［8］韩立华．东北亚能源：从竞争走向合作［J］．国际石油经济，2005，13（10）：13－16．

［9］韩智勇，魏一鸣，焦建玲，等．中国能源消费与经济增长的协整性与因果关系分析［J］．系统工程，2004，22（12）：17－21.

［10］胡剑波，安丹，任亚运．中国出口贸易中的隐含碳排放测度研究［J］．经济问题，2015（7）：52－57.

［11］蒋竺均．取消化石能源补贴对不同居民影响具差异性［N］．中国社会科学报，2015－01－20.

［12］李刚，马羽洁，牛冲槐．煤炭资源型地区技术锁定效应测度研究［J］．运筹与管理，2020（12）：147－153.

［13］李洪凯，张佳菲，罗幼强．石油价格波动对我国物价水平的影响［J］．统计与决策，2006（6）：81－83.

［14］李丕东．中国能源环境政策的一般均衡分析［D］．厦门：厦门大学，2008.

［15］李陶，陈林菊，范英．基于非线性规划的我国省区碳强度减排配额研究［J］．管理评论，2010，22（6）：54－60.

［16］林伯强，李江龙．环境治理约束下的中国能源结构转变：基于煤炭和二氧化碳峰值的分析［J］．中国社会科学，2015（9）：84－107.

［17］林伯强，刘畅．中国能源补贴改革与有效能源补贴［J］．中国社会科学，2016（10）：52－71.

［18］林伯强，牟敦国．能源价格对宏观经济的影响：基于可计算一般均衡（CGE）的分析［J］．经济研究，2008（11）：88－101.

［19］林伯强，孙传旺，姚昕．中国经济变革与能源和环境政策：首届中国能源与环境经济学者论坛综述［J］．经济研究，2017，52（9）：198－203.

[20] 林伯强，王锋. 能源价格上涨对中国一般价格水平的影响 [J]. 经济研究，2009，44 (12)：66 - 79，150.

[21] 林伯强，魏巍贤，李丕东. 中国长期煤炭需求：影响与政策选择 [J]. 经济研究，2007 (2)：50 - 60.

[22] 林伯强. 电力消费与中国经济增长：基于生产函数的研究 [J]. 管理世界，2003 (11)：18 - 27.

[23] 刘明磊，朱磊，范英. 我国省级碳排放绩效评价及边际减排成本估计：基于非参数距离函数方法 [J]. 中国软科学，2011 (3)：106 - 114.

[24] 刘清华. 国际油价波动特征及对我国宏观经济的影响分析 [D]. 重庆：重庆大学，2009.

[25] 刘卫东，吴臻，黄锦华，等. 我国隐含碳排放量再核算 [J]. 中国地质大学学报（社会科学版），2016，16 (2)：42 - 49.

[26] 刘元春. 科学测算设定 2035 和"十四五"经济增长目标 [J]. 经济展望，2020 (6)：17 - 24.

[27] 马宝玲. 中国天然气市场化改革的理论与实证研究 [D]. 北京：对外经济贸易大学，2014.

[28] 马本，张莉，郑新业. 收入水平、污染密度与公众环境质量需求 [J]. 世界经济，2017，40 (9)：147 - 171.

[29] 茅铭晨. 政府管制理论研究综述 [J]. 管理世界，2007 (2)：137 - 150.

[30] 齐新宇. 普遍服务与电力零售竞争改革 [J]. 产业经济研究，2004 (2)：38 - 44.

[31] 任泽平，潘文卿，刘起运. 原油价格波动对中国物价的影响：基

于投入产出价格模型 [J]. 统计研究，2007（11）：22‒28.

[32] 孙启宏. 中国经济发展与能源消费响应关系研究：基于相对"脱钩"与"复钩"理论的实证研究 [J]. 科研管理，2006，27（3）：128‒134.

[33] 孙泽生，宋玉华，林治乾. 国际石油价格与最优国内税率：基于"寡头"市场结构的分析 [J]. 世界经济，2008，31（1）：36‒46.

[34] 谭忠富，于超. 我国高耗能产业出口对能源价值的影响分析 [J]. 中国能源，2007（10）：14‒18.

[35] 汪立，范英，魏一鸣. 基于 Agent 的中国成品油市场模型及其仿真研究 [J]. 管理科学，2007，20（5）：76‒82.

[36] 王锋，辛欣，李锦学. 中国能源消费与经济发展的"脱钩"研究 [J]. 中国市场，2010（13）：69‒71.

[37] 王俊豪. 对我国价格管制与放松价格管制的理论思考 [J]. 价格理论与实践，2001（2）：11‒12.

[38] 王中华，丘希明. 收入增长、收入差距与农村减贫 [J]. 中国工业经济，2021（9）：25‒42.

[39] 王震. 改革开放40年煤炭市场发展历程与成就 [J]. 煤炭经济研究，2018，38（11）：17‒22.

[40] 魏楚，郑新业. 能源效率提升的新视角：基于市场分割的检验 [J]. 中国社会科学，2017（10）：90‒111，206.

[41] 魏巍贤，林伯强. 国内外石油价格波动性及其互动关系 [J]. 经济研究，2007（12）：130‒141.

[42] 魏一鸣，范英，韩智勇，等. 中国能源报告2006：战略与政策研究 [M]. 北京：科学出版社，2006.

[43] 魏一鸣. 中国能源报告（2012）：能源安全研究 [M]. 北京：科学出版社，2012.

[44] 吴施美，郑新业. 收入增长与家庭能源消费阶梯：基于中国农村家庭能源消费调查数据的再检验 [J]. 经济学（季刊），2022（1）：45 - 66.

[45] 吴贤荣，张俊飚，田云，等. 基于公平与效率双重视角的中国农业碳减排潜力分析 [J]. 自然资源学报，2015（7）：1172 - 1182.

[46] 夏炎，范英. 基于减排成本曲线演化的碳减排策略研究 [J]. 中国软科学，2012（3）：10 - 22.

[47] 相晨曦. 能源"不可能三角"中的权衡抉择 [J]. 价格理论与实践，2018（4）：46 - 50.

[48] 张前荣. 推进天然气定价机制改革的国际经验及政策建议 [J]. 中国物价，2016（4）：27 - 30.

[49] 郑新业，吴施美，李芳华. 经济结构变动与未来中国能源需求走势 [J]. 中国社会科学，2019（2）：92 - 112，206.

[50] 郑新业. 中国现代能源经济体系建设路径探析 [J]. 小康，2018（12）：26 - 27.

[51] 郑新业. 现代能源经济体系建设：体制改革与政策组合 [M]. 北京：科学出版社，2019.

[52] 郑新业. 中国能源经济展望2016 [M]. 北京：中国人民大学出版社，2020.

[53] Adams F G，Shachmurove Y. Modeling and forecasting energy consumption in China：implications for Chinese energy demand and imports in 2020 [J]，Energy Economics，2008，30（3）：1263 - 1278.

［54］ Ang B W. The lmdi approach to decomposition analysis: a practical guide ［J］. Energy Policy，2005，33（7）：867－871.

［55］ Arya P L. Gasoline price deregulation in a concentrated free market structure: case of Nova Scotia ［C］. 42nd Annual Conference of the Atlantic Canada Economics Association，2014.

［56］ Atkinson A B，Stiglitz J E. The design of tax structure: direct versus indirect taxation ［J］. Journal of Public Economics，1976，6（1－2）：55－75.

［57］ Auffhammer M，Baylis P，Hausman C H. Climate change is projected to have severe impacts on the frequency and intensity of peak electricity demand across the United States ［J］. Proceedings of the National Academy of Sciences，2017，114（8）：1886－1891.

［58］ Bello A，Cavero S. The Spanish retail petroleum market: new patterns of competition since the liberalization of the industry ［J］. Energy Policy，2008（36）：612－626.

［59］ Lin B Q，Ouyang X L. A revisit of fossil-fuel subsidies in China: challenges and opportunities for energy price reform ［J］. Energy Conversion & Management，2014（82）：124－134.

［60］ Brekke K R，Holmås T H，Straume O R. Price regulation and parallel imports of pharmaceuticals ［J］. Journal of Public Economics，2015（129）：92－105.

［61］ Brown S P A，Yücel M K. Deliverability and regional pricing in U. S. natural gas markets ［J］. Energy Economics，2008（30）：2441－2453.

[62] Chen Z M. Inflationary effect of coal price change on the Chinese economy [J]. Applied Energy, 2014 (114): 301 – 309.

[63] Chen Z M, Chen G Q, Zhou J B, et al. Ecological input-output modeling for embodied resources and emissions in Chinese economy 2005 [J]. Communications in Nonlinear Science and Numerical Simulation, 2010, 15 (7): 1942 – 1965.

[64] Chen Z M. Inventory and distribution of energy subsidies of China [J]. The Energy Journal, 2017, 38 (1): 48 – 61.

[65] Chetty R, Looney A, Kroft K. Salience and taxation: theory and evidence [J]. American Economic Review, 2009, 99 (4): 1145 – 1177.

[66] Chiroleu-Assouline M, Fodha M. From regressive pollution taxes to progressive environmental tax reforms [J]. European Economic Review, 2014 (69): 126 – 142.

[67] Corchón L C, Marcos F. Price regulation in oligopolistic markets [J]. ISRN Economics, 2012 (12): 1 – 10.

[68] Deltas G. Retail gasoline price dynamics and local market power [J]. The Journal of Industrial Economics, 2008 (3): 613 – 628.

[69] Dissou Y, Siddiqui M S. Can carbon taxes be progressive? [J]. Energy Economics, 2014 (42): 88 – 100.

[70] Doshi T K, D'Souza N S, et al. The "Asia premium" in crude oil markets and energy market integration [R]//Kimura F, Shi X. Deepen understanding and move forward: energy market integration in East Asia, Economic Research Institute for ASEAN and Asia, 2011: 152.

[71] Dubois P，Lasioy L. The effects of price regulation on pharmaceutical industry margins：a structural estimation for anti-ulcer drugs [R]. Health，Ecnometrics and Data Group，2012.

[72] Fullerton T M，Jiménez A A，Walke A G. An econometric analysis of retail gasoline prices in a border metropolitan economy [J]. The North American Journal of Economics and Finance，2015（34）：450 - 461.

[73] Genakos C，Koutroumpis P，Pagliero M. The impact of maximum markup regulation on prices [R]. CEP Discussion Paper，2014.

[74] Gollier C，Hammitt J K. The long-run discount rate controversy [J]. Annu. Rev. Resour. Econ. ，2014，6（1）：273 - 295.

[75] Goulder L H，Hafstead M A. Tax reform and environmental policy：options for recycling revenue from a tax on carbon dioxide [R]. Resources for the Future Discussion，2013：13 - 31.

[76] Guo J，Zheng X，Chen Z M. How does coal price drive up inflation? reexamining the relationship between coal price and general price level in China [J]. Energy Economics，2016（57）：265 - 276.

[77] Hastings J S，Gilbert R J. Market power，vertical integration，and the wholesale price of gasoline [J]. The Journal of Industrial Economics，2005（4）：469 - 492.

[78] IEA. World energy outlook 2014 [R]. Paris，2014.

[79] IEA. World energy outlook 2016 [R/OL]. （2016 - 11 - 16）[2020 - 12 - 03]. https：//www. iea. org/reports/world-energy-outlook-2016.

[80] International Futures. Population forecast for China [R/OL].

(2012 - 03 - 24) [2020 - 09 - 21]. http：//www. ifs. du. edu/ifs/frm _ CountryProfile. aspx? Country＝CN.

[81] Ji Q，Geng J B，Fan Y. Separated influence of crude oil prices on regional natural gas import prices [J]. Energy Policy，2014 (70)：96 - 105.

[82] Jiang Z，Tan J. How the removal of energy subsidy affects general price in China：a study based on input-output model [J]. Energy Policy，2013 (63)：599 - 606.

[83] Johnstone N，Alavalapati J R，et al. The distributional effects of environmental tax reform [R]. London：International Institute for Environment and Development，1998.

[84] Haskel J，Martin C. Capacity and competition：empirical evidence on UK panel data [J]. The Journal of Industrial Economics，1994 (42)：23 - 44.

[85] Kang L，Zarnikau J. Did the expiration of retail price caps affect prices in the restructured Texas electricity market? [J]. Energy Policy，2009 (37)：1713 - 1717.

[86] Kearney C，Favotto I. Regulating natural monopoly：are price caps an alternative to rate of return targets? [J]. Economic &Labour Relations Review，1994，5 (2)：102 - 120.

[87] Klenert D，Mattauch L. How to make a carbon tax reform progressive：The role of subsistence consumption [J]. Economics Letters，2016 (138)：100 - 103.

[88] Kreps D，Scheinkman J. Quantity pre-commitment and bertrand

competition yield cournot outcomes [J]. The RAND Journal of Economics, 1983 (14): 326 – 337.

[89] Krishna P, Mitra D. Trade liberalization, market discipline and productivity growth: new evidence from India [J]. Journal of Development Economics, 1998, 56 (2): 447 – 462.

[90] Kuznets S. Economic growth and income inequality [J]. The American Economic Review, 1955, 45 (1): 1 – 28.

[91] Lewis M S. Price leadership and coordination in retail gasoline markets with price cycles [J]. International Journal of Industrial Organization, 2012 (30): 342 – 351.

[92] Lin B, Jiang Z. Estimates of energy subsidies in China and impact of energy subsidy reform [J]. Energy Economics, 2011, 33 (2): 273 – 283.

[93] Lin B, Ouyang X. A revisit of fossil-fuel subsidies in China: challenges and opportunities for energy price reform [J]. Energy Conversion and Management, 2014 (82): 124 – 134.

[94] Miller N H, Osborne M, Sheu G. Pass-through in a concentrated industry: empirical evidence and regulatory implications [J]. The RAND Journal of Economics, 2017, 48 (1): 69 – 93.

[95] Peng Y, Wenbo L, Shi C. The margin abatement costs of CO_2 in Chinese industrial sectors [J]. Energy Procedia, 2012 (14): 1792 – 1797.

[96] Piketty T, Yang L, Zucman G. Capital accumulation, private property, and rising inequality in China, 1978—2015 [J]. American Economic Review, 2019, 109 (7): 2469 – 2496.

[97] van der Kroon B, Brouwer R, van Beukering P J. The energy ladder: theoretical myth or empirical truth? results from a meta-analysis [J]. Renewable and Sustainable Energy Reviews, 2013 (20): 504 - 513.

[98] van Ruijven B J, De Cian E, Wing I S. Amplification of future energy demand growth due to climate change [J]. Nature Communications, 2019, 10 (1): 1 - 12.

[99] Wu J, Ma C, Tang K. The static and dynamic heterogeneity and determinants of marginal abatement cost of CO_2 emissions in Chinese cities [J]. Energy, 2019 (178): 685 - 694.

[100] Yu J, Li J, Zhang W. Identification and classification of resource-based cities in China [J]. Journal of Geographical Sciences, 2019, 29 (8): 1300 - 1314.

[101] Zheng X, Zhang L, Yu Y, et al. On the nexus of SO_2 and CO_2 emissions in China: the ancillary benefits of CO_2 emission reductions [J]. Regional Environmental Change, 2011, 11 (4): 883 - 891.

图书在版编目（CIP）数据

新征程中的能源结构转型：基于"2035 年远景目标"
和"双碳战略"/郑新业，相晨曦著 . -- 北京：中
国人民大学出版社，2022.12
（中国式现代化研究丛书/张东刚，刘伟总主编）
ISBN 978-7-300-30972-9

Ⅰ.①新… Ⅱ.①郑… ②相… Ⅲ.①能源工业－产
业结构调整－研究－中国 Ⅳ.①F426.2

中国版本图书馆 CIP 数据核字（2022）第 165175 号

中国式现代化研究丛书

张东刚　刘　伟　总主编

新征程中的能源结构转型
——基于"2035 年远景目标"和"双碳战略"

郑新业　相晨曦　著

Xin Zhengcheng zhong de Nengyuan Jiegou Zhuanxing

出版发行	中国人民大学出版社	
社　　址	北京中关村大街 31 号	**邮政编码**　100080
电　　话	010－62511242（总编室）	010－62511770（质管部）
	010－82501766（邮购部）	010－62514148（门市部）
	010－62515195（发行公司）	010－62515275（盗版举报）
网　　址	http://www.crup.com.cn	
经　　销	新华书店	
印　　刷	涿州市星河印刷有限公司	
规　　格	165 mm×238 mm　16 开本	**版　　次**　2022 年 12 月第 1 版
印　　张	14.5 插页 2	**印　　次**　2022 年 12 月第 1 次印刷
字　　数	169 000	**定　　价**　49.00 元